Espiritualidade Emocionalmente Saudável
Dia a Dia

UMA JORNADA DE 40 DIAS *com* O OFÍCIO DIVINO

Peter Scazzero

*Emotionally Healthy Spirituality
Day by Day: a 40 Day Journey
With the Daily Office*
Copyright © 2008 Peter Scazzero.
Publicado mediante acordo com
The Zondervan Corporation
L.L.C., uma divisão da
HarperCollins Christian
Publishing, Inc. A obra original
foi intermediada pela agência
literária Silvia Bastos S. L.,
Direitos geridos por Silvia Bastos,
S.L., Agência Literária. Todos
os direitos reservados. Edição
em português Copyright © 2017
Editora Hagnos Ltda.

1ª edição: maio de 2017
4ª reimpressão: fevereiro de 2024

TRADUÇÃO
Onofre Muniz

REVISÃO
Andréa Filatro

DIAGRAMAÇÃO
Sonia Peticov

CAPA
Maquinaria Studio

EDITOR
Aldo Menezes

COORDENADOR DE PRODUÇÃO
Mauro Terrengui

IMPRESSÃO E ACABAMENTO
Imprensa da Fé

As opiniões, as interpretações e os
conceitos emitidos nesta obra são de
responsabilidade do autor e não refletem
necessariamente o ponto de vista da
Hagnos.

Todos os direitos desta edição reservados à
EDITORA HAGNOS LTDA.
Rua Geraldo Flausino Gomes, 42, conj. 41
CEP 04575-060 — São Paulo, SP
Tel.: (11) 5990-3308

E-mail: hagnos@hagnos.com.br
Home page: www.hagnos.com.br

Editora associada à:

Dados Internacionais de Catalogação na Publicação (CIP)
Angélica Ilacqua CRB-8/7057

Scazzero, Peter
    Dia a dia: uma jornada de 40 dias com o ofício divino / Peter Scazzero; traduzido por Onofre Muniz. — São Paulo: Hagnos, 2017.
    ISBN 978-85-243-0516-0
    Titulo em inglês: Emotionally Healthy Spirituality: Day by Day

    1. Espiritualidade 2. Deus 3. Vida cristã 4. Exercícios devocionais
I. Título II. Muniz, Onofre.

16-0240   CDD 248.4

Índices para catálogo sistemático:
1. Vida cristã

Sumário

Agradecimentos 5

Introdução 7

Ofícios divinos — Primeira semana
O PROBLEMA DA ESPIRITUALIDADE EMOCIONALMENTE DOENTIA 15

Ofícios divinos — Segunda semana
CONHEÇA A SI MESMO PARA CONHECER A DEUS 33

Ofícios divinos — Terceira semana
RETROCEDA PARA AVANÇAR 51

Ofícios divinos — Quarta semana
JORNADA ATRAVÉS DA MURALHA 71

Ofícios divinos — Quinta semana
AMPLIE SUA ALMA ATRAVÉS DO SOFRIMENTO E DA PERDA 91

Ofícios divinos — Sexta semana
DESCUBRA OS RITMOS DO OFÍCIO DIVINO E DO DESCANSO 111

Ofícios divinos — Sétima semana
TORNE-SE UM ADULTO EMOCIONALMENTE MADURO 129

Ofícios divinos — Oitava semana
O PRÓXIMO PASSO: DESENVOLVA UMA "REGRA DE VIDA" 147

Apêndices
   Apêndice A: A Oração do Senhor 167
   Apêndice B: Um guia para fazer a Oração do Senhor 169

Agradecimentos

Quero agradecer a Geri, minha esposa, minha melhor amiga e minha companheira favorita em "A jornada". Ela passou inúmeras horas refletindo em atitude de oração nestes ofícios divinos numa variedade de contextos. Seu trabalho elaborando profundas questões tem o objetivo de tocar a alma e nos levar a uma experiência pessoal com Deus. Que dádiva!

Obrigado.

Introdução

Muitos cristãos estão em luta hoje — especialmente para passar tempo com Deus. Você deve ser um deles.

Por mais de 27 anos fui pastor em Queens, New York, de uma igreja grande, urbana, com pessoas de 73 nações. Ao mesmo tempo, viajei pelos Estados Unidos e pelo Canadá falando a pastores e líderes de igrejas, observando igrejas de vários ambientes e denominações.

A seguir, apresento minhas observações sobre a atual condição espiritual da maioria de nós em nossas igrejas. Nós estamos:

- Vivendo a partir da espiritualidade de outros.
- Dispersos, fragmentados e desconcentrados.
- Física, espiritual e emocionalmente cansados.
- Caminhando com a profundidade espiritual de um centímetro.
- Orando pouco e tendo mínima comunhão com Deus.
- Seguindo a Jesus sem muita determinação.
- Sentindo-nos emperrados em nossa jornada espiritual com Cristo.
- Lutando para pausar nossa "vida em fuga".

O objetivo deste livro é apresentar a você a uma revolucionária disciplina espiritual chamada "ofício divino". Quando ajustado a nossas raras personalidades, temperamentos, situações de vida e vocações, o ofício divino nos oferece uma âncora poderosa o suficiente para nos desacelerar em meio às incessantes exigências de nossa vida.

O ofício divino difere do que rotulamos hoje de "tempo de silêncio" ou "devocionais". Tempo de silêncio e devocionais normalmente acontecem uma vez por dia, de manhã, e seu objetivo é "abastecer para o dia" ou "interceder pelas necessidades ao meu redor". O ofício divino é praticado normalmente pelo menos duas vezes por dia, e não é tanto voltar-se para Deus para *obter* algo; trata-se de *estar com Deus* — de ter comunhão com ele.[1]

O objetivo do ofício divino, como um "tempo de silêncio", é prestar atenção em Deus durante o dia todo enquanto estamos ativos. Este é o grande desafio de todos nós. Tanto a enorme pressão do mundo, com seus poderes demoníacos ocultos, como a nossa obstinada vontade própria tornam fácil viver a maior parte de nossas horas de vigília sem nenhuma consciência consistente da presença de Deus.

O termo *ofício* vem da palavra latina *opus,* ou "obra". Para a igreja primitiva, o ofício divino era sempre a "obra de Deus". Nada devia interferir nessa prioridade.

O rei Davi, há três mil anos, compreendeu isto. Ele praticava momentos determinados de oração sete vezes por dia (Salmos 119:164). Daniel orava três vezes por dia (Daniel 6:10). Os judeus devotos dos dias de Jesus oravam em horas determinadas — manhã, tarde e noite. Esses tempos determinados de oração eram um dos grandes tesouros dos israelitas, provendo uma maneira de manter a vida deles centrada no convite para amar a Deus de todo o coração, mente, alma e força. Mesmo após a ressurreição de Jesus, seus discípulos continuaram a orar em certas horas do dia (Atos 3:1; 10:2-23).

Por volta de 525 d.C., um bom homem chamado Bento estruturou esses momentos de oração em torno de oito ofícios divinos, incluindo um para os monges no meio da noite. Ele escreveu a Regra de São Bento para leigos, e seu propósito foi estabelecer regras de vida doméstica para que alguém pudesse viver (o mais plenamente possível) o tipo de vida apresentada nos Evangelhos. Era um meio para uma vida de qualidade. Em determinado ponto de sua Regra, Bento escreveu: "Ao ouvir o sinal para uma hora do ofício divino, o monge deverá imediatamente interromper o que estiver fazendo e ir o mais rápido possível. Na verdade, nada deve ter preferência à obra de Deus [isto é, ao ofício divino]".[2]

Todas essas pessoas se deram conta de que parar para estar com Deus, por meio do ofício divino, era fundamental para criar uma familiaridade contínua com a presença de Deus para o resto do dia. Eu sei que isso acontece comigo.

O grande poder em separar pequenos períodos de tempo para oração da manhã, do meio-dia e da noite impregna o restante das atividades do meu dia com um profundo senso do sagrado — de Deus. Recordo que todo o tempo é dele. O ofício divino, quando praticado sistematicamente, funciona para eliminar a divisão entre o sagrado e o secular em nossa vida.

Uma das grandes barreiras para muitos de nós em passar tempo a sós com Deus é a falta de uma estrutura flexível e equilibrada para nos guiar. A realização do ofício divino provê meios para ajudar você em seu tempo com Deus. Lembre-se, Deus fez cada um de nós diferentemente. O que funciona para uma pessoa não necessariamente funcionará para outra.

Como qualquer ferramenta ou disciplina poderosa, o ofício divino pode facilmente se tornar um novo legalismo. Por essa razão, sugiro apenas dois ofícios divinos por dia (um para ser feito pela manhã ou ao meio-dia e outro para o meio-dia ou à noite). Você pode, por exemplo, fazer um pela manhã e o outro ao meio-dia, ou pode fazer um ao meio-dia e o outro à noite antes de ir dormir.

Você escolhe a duração de seus ofícios. O fundamental, lembre-se, é a lembrança regular de Deus, não quanto tempo ela dura. Sua interrupção para estar com Deus pode levar de 2 a 20 ou 45 minutos. Minha esposa Geri e eu escolhemos ter tempos mais longos com Deus na manhã e mais curtos ao meio-dia e à noite. Isso é com você.

A seguir, apresento os cinco elementos contidos em cada ofício neste livro:

1. Silêncio, quietude e concentração

Esta é a essência de um ofício divino. Interrompemos nossa atividade e fazemos uma pausa para estar com o Deus vivo. A Escritura nos ordena: *Descansa no Senhor e espera nele* (Salmos 37:7) e *Aquietai-vos e sabei que eu sou Deus* (Salmos 46:10). Nós vamos à presença de Deus e lá descansamos, o que por si só não é pouca coisa. Há momentos em que faço uma pausa para minha oração do meio-dia e acabo gastando o tempo todo disponível — seja ele 5 ou 20 minutos — concentrando-me para me libertar de minhas tensões, distrações e sensações e começar a descansar no amor de Deus.

Cada ofício começa e termina com dois minutos de silêncio. Todas as religiões praticam silêncio. O que torna o silêncio único para *nós* é que ficamos em silêncio perante o próprio *Senhor*. Isto será difícil, especialmente no começo. Nossos mundos internos e externos estão cheios de ruídos e distrações. Por essa razão, o silêncio é provavelmente a disciplina mais desafiadora entre os cristãos hoje. Receba muita graça aqui. Estudos sugerem que a pessoa comum pode aguentar apenas 15 segundos de silêncio.

2. Texto bíblico

O importante a ser lembrado aqui é "menos é mais". Limitei a quantidade de texto bíblico para cada ofício divino. Leia devagar — em voz alta se possível — mastigando diferentes palavras ou frases. Se Deus o dirigir a parar num versículo, faça isso. Esteja atento em seu coração ao que Deus está fazendo dentro de você. Não há necessidade de terminar tudo o que lhe foi entregue para cada ofício! Permita que o Espírito Santo o dirija.

3. Leitura devocional

O propósito dessas devocionais é levá-lo mais longe em sua jornada. Integrei riquezas de uma ampla variedade de fontes — antigos escritores espirituais, poesia, monges, rabis judeus hassídicos e literatura moderna, bem como temas do meu próprio livro *Espiritualidade emocionalmente saudável* — e os conectei com a leitura bíblica. Essas devocionais devem ser lidas vagarosamente e em espírito de oração. Há momentos em que chego ao ofício do meio-dia ou da noite com tanta coisa na mente que começo com a leitura devocional para que possa parar e me concentrar. Às vezes as devocionais falarão poderosamente com você. Deus pode levá-lo a ponderar e meditar a respeito de uma sentença ou um parágrafo em especial. Em outras vezes, você pode querer avançar para outro ponto. Novamente, lembre-se, o propósito do ofício divino é a comunhão com Deus, não passar por tudo o que está escrito!

4. Pergunta a ser considerada
Cada devocional termina com uma pergunta a ser considerada. Escrevi as perguntas para serem breves, mas investigativas. Você pode achar útil escrever por extenso suas respostas a Deus. Não se surpreenda se Deus o conduzir para trilhas muito diferentes com essas perguntas cada vez que você repetir o estudo. Ou sinta-se à vontade para ignorá-las se não forem úteis.

5. Oração
Durante grande parte da minha vida cristã, fui contra orações escritas. Ultimamente, entretanto, penso que são um rico suplemento para a minha vida devocional. Você pode querer orar as palavras como elas estão escritas, ou apenas usá-las como inspiração e orar com suas próprias palavras. Novamente, use-as somente se elas forem úteis.

Escrevi *Espiritualidade emocionalmente saudável — Dia a Dia* para grupos pequenos, classes de Escola Dominical e igrejas que estão fazendo o *Curso EES* (*Curso Espiritualidade Emocionalmente Saudável*).[3] O tema de cada semana é baseado num capítulo do meu livro *Espiritualidade emocionalmente saudável*. Se você não estiver num grupo, sinta-se fortemente encorajado a ler os capítulos designados para o estudo de cada semana. Isto o familiarizará com seus profundos temas e lhe permitirá integrá-los mais efetivamente. Também percebi ao escrever este livro que ele fornece uma introdução acessível para uma vida espiritual moldada pelos ritmos poderosos do ofício divino — independentemente se a pessoa leu o livro ou participou de um grupo estudando o livro de instrução.

A Oração do Senhor está incluída no apêndice A como uma ajuda adicional em seu momento com Deus. Devido tanto à sua profundidade como à sua simplicidade, frequentemente faço essa oração como parte do meu ofício divino cada dia.

Uma palavra para os grupos

Embora estes ofícios divinos tenham sido escritos para pessoas individualmente, eles podem também ser adaptados para grupos que se reúnem para a oração da manhã, do meio-dia, ou da noite. Minhas recomendações para os que fazem isto são as seguintes:

- Indicar um facilitador para controlar o andamento do tempo.
- Ler em voz alta, juntos, a Escritura e as orações finais escritas.
- Indicar uma pessoa para ler a devocional em voz alta para o grupo.
- Fazer uma pausa de 15 segundos entre a leitura e a oração.

Uma exortação final

Lembre-se de que os ofícios divinos objetivam criar um ritmo de parada para estar com Deus em momentos determinados do dia e cultivar um relacionamento pessoal com ele durante o dia — para que possamos preferir o amor de Cristo acima de tudo mais.

Tenha em mente que, se você é um cristão que tem orado durante cinquenta anos ou durante apenas uma semana, somos todos principiantes em oração. Não se trata de "fazer o certo" ou de colocá-lo numa tabela legalista. Lembre-se do que o apóstolo Paulo escreveu: *Assim, ninguém vos julgue pelo comer, ou pelo beber, ou por causa de dias de festa, ou de lua nova, ou de sábados* [ou um ofício divino], *os quais são sombras das coisas que haveriam de vir; mas a realidade é Cristo* (Colossenses 2:16-17).

Notas

[1] Para uma discussão completa do ofício divino, v. Scazzero, Peter. *Espiritualidade emocionalmente saudável: Desencadeie uma revolução em sua vida com Cristo.* São Paulo: Hagnos, 2013.

[2] Fry, Timothy (org.), *RB 1980: The rule of St. Benedict in english* [A Regra de São Bento em inglês]. Collegeville, MN, 1981, p. 65.

[3] O *Emotionally healthy Spirituality workbook* [Espiritualidade emocionalmente saudável: livro de exercícios] vem com um DVD para grupos pequenos e classes. (Verificar disponibilidade com o *MEES* Brasil: www.meesbrasil.com).

1

O PROBLEMA DA ESPIRITUALIDADE EMOCIONALMENTE DOENTIA

Ofícios divinos
Primeira semana

Dia 1: Ofício divino da manhã/meio-dia
Silêncio, quietude e concentração perante Deus (2 minutos)

Leitura bíblica: Marcos 11:15-17

Quando chegaram a Jerusalém, Jesus entrou no templo e começou a expulsar os que ali vendiam e compravam. Ele revirou as mesas dos cambistas e as cadeiras dos que vendiam pombas, e não consentia que atravessassem o templo carregando algum utensílio. Ele os ensinava, dizendo: Não está escrito: A minha casa será chamada casa de oração para todas as nações? Mas vós a transformastes num antro de assaltantes.

Devocional

A intensa ira de Jesus e a virada das mesas no pátio do templo deveriam nos deixar com a respiração suspensa. Ele sabe que, se não nos aproximarmos de Deus, tesouros inestimáveis serão perdidos ou obscurecidos. Perdemos o espaço onde experimentamos o infalível amor de Deus e o maravilhoso perdão. Perdemos uma perspectiva eterna sobre o que é importante e o que não é. Perdemos a compaixão. Ganhamos o mundo, mas perdemos nossa alma (Marcos 8:36, 37).

Seja livre para Deus
Eu preciso dessa remoção
Que o Salvador fez no templo de Jerusalém
Um alívio da desordem
Do que é secundário
Que obstrui o caminho
Para o importante vazio central
Que está cheio
Somente com a presença de Deus
— Jean Danielou[1]

Pergunta a ser considerada
Como você descreveria "o que é secundário" em sua vida, o que poderia estar "obstruindo o caminho" para a experiência com Deus?

Oração
> Senhor, ajuda-me a ver quanto eu perco quando perco a ti. Minha perspectiva em minha vida e no todo da vida fica distorcida quando não deixo espaço para ti, obscurecendo teu amor por mim. O teu amor é melhor que a vida, e anseio verdadeiramente provar mais desse amor. Em nome de Jesus, amém.
>
> Encerre com silêncio (2 minutos).

Dia 1: Ofício divino do meio-dia/noite
Silêncio, quietude e concentração perante Deus (2 minutos)

Leitura bíblica: 1 Samuel 15:22, 23
> Mas Samuel disse: Por acaso o SENHOR tem tanto prazer em holocaustos e sacrifícios quanto em que se obedeça à sua voz? Obedecer é melhor que oferecer sacrifícios, e o atender, melhor que a gordura de carneiros. Pois a rebelião é como o pecado de adivinhação, e a obstinação, como a maldade da idolatria. Visto que rejeitaste a palavra do Senhor, ele também te rejeitou como rei.

Devocional
Saul, o primeiro rei de Israel, não sabia muito a respeito de silêncio ou de ouvir Deus. Como Davi, ele foi um líder dotado, ungido, teve sucesso militar e político. Todavia, diferentemente de Davi, nunca o vemos buscando estar com Deus. Nesta passagem, o profeta Samuel repreende Saul por praticar muitos atos religiosos (isto é, oferecer ofertas queimadas e sacrifícios), mas não se acalmar o suficiente para ouvir, ou "atender" a Deus (v. 22).

Todos nós devemos reservar tempo para ficar em silêncio e para contemplar, especialmente os que vivem em grandes cidades como Londres e Nova York, onde tudo se movimenta muito rápido [...]. Sempre começo minha oração em silêncio, porque é no silêncio do coração que Deus fala. Deus é amigo do silêncio — precisamos prestar atenção em Deus porque não é o que dizemos, mas o que ele diz a nós e através de nós, que importa. A oração alimenta a alma — como o sangue é para o corpo, a oração é para a alma — e o leva para mais perto de Deus. Ela também dá a você um coração limpo e puro. Um coração limpo pode ver a Deus, pode falar com Deus e pode ver o amor de Deus nos outros.

— Madre Teresa[2]

Pergunta a ser considerada
Como você poderia dar mais espaço em sua vida para o silêncio de modo a ouvir a Deus?

Oração
Ó Deus, organiza meu coração até que eu me aquiete o suficiente para te ouvir falar no silêncio. Ajuda-me nesses poucos momentos a parar, a ouvir, a esperar, a estar calmo e a permitir que a tua presença me envolva. Em nome de Jesus, amém.

Encerre com silêncio (2 minutos).

Dia 2: Ofício divino da manhã/meio-dia
Silêncio, quietude e concentração perante Deus (2 minutos)

Leitura bíblica: Jonas 1:1-4
A palavra do Senhor veio a Jonas, filho de Amitai: Vai agora à grande cidade de Nínive e prega contra ela, porque a sua maldade subiu até mim. Jonas, porém, fugiu da presença do Senhor, na direção de Társis. Descendo para Jope, achou um navio que ia

> *para Társis, pagou a passagem e embarcou nele, a fim de ir para Társis, fugindo da presença do* Senhor. *Mas o* Senhor *enviou um forte vento sobre o mar, e caiu uma tempestade violenta, de modo que o navio estava a ponto de se despedaçar.*

Devocional

Jonas é um exemplo de profeta com um caso de espiritualidade emocionalmente doentia. Ele ouve e serve a Deus, mas se recusa a ouvir o chamado de Deus para amar e mostrar misericórdia a Nínive, uma potência mundial daqueles dias, conhecida por seu comportamento violento e selvagem. Jonas foge na direção oposta, para Társis, a Espanha dos dias atuais, a 3:800 km de distância.

> E por que Társis? Por um motivo: ela é muito mais emocionante do que Nínive. Nínive era um antigo local com várias camadas de história destruída e infeliz. Ir a Nínive para pregar não era uma incumbência cobiçada para um profeta hebreu com boas referências. Mas Társis era outra coisa. Társis era exótica. Társis era aventura [...]. Társis nas referências bíblicas era um "porto distante e às vezes idealizado". Está relatado em 1Reis 10:22 que a frota de Salomão ia buscar em Társis ouro, prata, marfim, macacos e pavões [...]. Em Társis podemos ter uma carreira religiosa sem precisar tratar com Deus.
>
> — Eugene Peterson[3]

Entretanto, quando Jonas foge, Deus manda uma grande tempestade. Jonas perde o controle de sua vida e de seu destino. Ele é lançado para fora da embarcação e é engolido por um grande peixe. E é do ventre do peixe que Jonas começa a lutar com Deus em oração.

Pergunta a ser considerada

Que tempestade interna ou externa pode Deus estar mandando sobre sua vida como sinal de que algo não está bem espiritualmente?

Oração

Senhor, que a tua vontade, não a minha, seja feita em minha vida. Tu sabes como é fácil eu me chamar de cristão, mas depois ficar ocupado, esquecendo-me de tua vontade e teus desejos. Perdoa-me por este pecado. Ajuda-me a ouvir-te, e dá-me coragem para me render corajosamente a ti. Em nome de Jesus, amém.

Encerre com silêncio (2 minutos).

Dia 2: Ofício divino do meio-dia/noite

Silêncio, quietude e concentração perante Deus (2 minutos)

Leitura bíblica: 1João 2:15-17

Não ameis o mundo nem o que nele há. Se alguém ama o mundo, o amor do Pai não está nele. Porque tudo que há no mundo, o desejo da carne, o desejo dos olhos e o orgulho dos bens, não vem do Pai, mas sim do mundo. Ora, o mundo passa, bem como seus desejos; mas aquele que faz a vontade de Deus permanece para sempre.

Devocional

No final do terceiro século nos desertos do Egito, ocorreu um fenômeno extraordinário. Homens e mulheres cristãos começaram a fugir das cidades e vilarejos para verem Deus no deserto. Eles perceberam como era fácil alguém perder a alma nas confusões e manipulações encontradas na sociedade, por isso buscaram a Deus de uma forma radical, mudando-se para o deserto. Eles se tornaram conhecidos como "os Pais do deserto".

> A sociedade [...] era considerada por eles um naufrágio do qual cada indivíduo tinha de nadar para salvar a vida [...]. Eram homens que acreditavam que deixar-se levar à deriva, aceitando passivamente os dogmas e valores do que eles conheciam como sociedade, era pura e simplesmente um desastre [...].

Eles sabiam que eram impotentes para fazer qualquer bem pelos outros enquanto se debatiam em meio aos destroços. Mas, uma vez que firmassem posição em solo firme, as coisas seriam diferentes. Então eles tinham não apenas o poder, mas até mesmo a obrigação de arrastar o mundo todo para a segurança que já experimentavam.

— Thomas Merton[4]

Pergunta a ser considerada

Como você ouve as palavras do apóstolo João hoje: *Não ameis o mundo nem o que nele há* (1João 2:15)?

Oração

Senhor, para estar contigo, preciso que me mostres como "criar um deserto" em meio à minha vida ocupada e ativa. Purifica-me das pressões, das ilusões e dos fingimentos que enfrento hoje para que a minha vida sirva como uma bênção às pessoas ao meu redor. Em nome de Jesus, amém.

Encerre com silêncio (2 minutos).

Dia 3: Ofício divino da manhã/meio-dia

Silêncio, quietude e concentração perante Deus (2 minutos)

Leitura bíblica: Gênesis 32:22-26,30

Naquela mesma noite, ele se levantou e, tomando suas duas mulheres, suas duas servas e seus onze filhos, atravessou o vau de Jaboque. Tomou-os, fez com que atravessassem o ribeiro e fez passar tudo o que tinha. Porém Jacó ficou sozinho. E um homem pôs-se a lutar com ele até o romper do dia. E quando viu que não prevalecia contra ele, tocou a junta da coxa de Jacó, e esta se deslocou enquanto lutava com ele. Disse o homem: Deixa-me ir, porque o dia já vem rompendo. Porém Jacó respondeu: Não te deixarei ir se não me abençoares [...]. *Por isso Jacó deu ao lugar o nome de Peniel, dizendo: De fato vi Deus face a face, e a minha vida foi preservada.*

Devocional

O nome de Jacó pode significar "trapaceiro" ou "agarrador". De fato, ele viveu de acordo com seu nome. Foi manipulativo, enganador e agressivo — não alguém que você gostaria de designar para uma posição de liderança em sua igreja. Jacó foi uma pessoa imperfeita que cresceu numa família disfuncional. Ele parecia estar sempre em uma dessas situações: envolto em problemas, acabando de livrar-se de dificuldades ou prestes a arrumar alguma encrenca.[5]

A história de Jacó é universal por ser muito pessoal. Ao longo de sua vida, Jacó foi teimoso e relutante quanto a confiar em alguém — até mesmo em Deus. Foi no riacho do Jaboque que Jacó foi finalmente quebrantado por Deus e radicalmente transformado. Ele recebeu um novo nome e nova liberdade para viver como Deus originalmente havia planejado. Isso aconteceu, no entanto, ao preço de uma coxeadura permanente que o tornou impotente e desesperado para se agarrar a Deus. E foi desse lugar fraco de dependência que Jacó se tornou uma nação (Israel) que abençoaria o mundo.

Da mesma forma, Deus às vezes nos fere em nossa jornada com ele para nos tirar de uma espiritualidade doentia do tipo "ponta do *iceberg*" para uma espiritualidade que verdadeiramente nos transforma de dentro para fora. Quando somos atingidos por essas feridas, podemos negá-las, encobri-las, ficar bravos com Deus, censurar os outros ou, como Jacó, nos agarrar desesperadamente a Deus.

Pergunta a ser considerada

De que forma Deus "desarticula" sua vida ou seus planos para que você possa depender dele?

Oração

Pai, eu me identifico com Jacó ao me esforçar, manipular, planejar, negar e espalhar meias verdades às pessoas que estão ao meu redor para fazer as coisas do meu jeito. Às vezes, também me vejo servindo a ti para obter algo. Senhor, eu te convido a me ensinar a viver na tua dependência. Ajuda-me a descansar e me aquietar somente em teu amor. Em nome de Jesus, amém.

Encerre com silêncio (2 minutos).

Dia 3: Ofício divino do meio-dia/noite

Silêncio, quietude e concentração perante Deus (2 minutos)

Leitura bíblica: Mateus 16:21-23

Desse momento em diante, Jesus começou a mostrar aos discípulos que era necessário que ele fosse para Jerusalém, que sofresse muitas coisas da parte dos líderes religiosos, dos principais sacerdotes e dos escribas, e que fosse morto e ressuscitasse ao terceiro dia. Mas Pedro, chamando-o em particular, começou a repreendê-lo, dizendo: Deus tenha compaixão de ti, Senhor! Isso jamais te acontecerá. Ele, porém, voltando-se, disse a Pedro: Para trás de mim, Satanás! Tu és para mim motivo de tropeço, pois não pensas nas coisas de Deus, mas, sim, nas que são dos homens.

Devocional

O apóstolo Pedro tinha um coração apaixonado por Jesus, mas era arrojado, orgulhoso, imaturo e inconsistente. Sua impulsividade e teimosia estão evidentes nos Evangelhos.

Todavia, Jesus conduziu Pedro pacientemente à crucificação de sua obstinação para que ele pudesse experimentar a verdadeira vida de ressurreição e poder.

Quando estou tranquilo, a compulsão (a ocupação que Hilário de Poitiers chamou de "uma blasfema ansiedade para fazer a obra de Deus no lugar dele") dá lugar à compunção (ser picado ou perfurado). Isto é, Deus pode romper as muitas camadas com as quais me protejo para que eu possa ouvir sua Palavra e ficar imóvel para prestar atenção [...].

Em movimento perpétuo posso confundir o fluxo de minha adrenalina com o mover do Espírito Santo; posso viver na ilusão de que estou, no final das contas, no controle do meu destino e da minha lida diária [...].

Blaise Pascal, filósofo e matemático francês, observou que a maioria dos nossos problemas humanos vem porque não sabemos como nos sentarmos tranquilos em nosso quarto durante uma hora.

— Leighton Ford[6]

Pergunta a ser considerada
Como seus afazeres podem impedi-lo de ouvir e ter comunhão intimamente com o Deus vivo?

Oração
Pai, perdoa-me por administrar minha vida sem ti hoje. Ofereço a ti minhas ansiedades agora — da melhor forma possível. Ajuda-me a ficar parado, a render-me à tua vontade e a descansar em teus braços amorosos. Em nome do Pai, do Filho e do Espírito Santo, amém.

Encerre com silêncio (2 minutos).

Dia 4: Ofício divino da manhã/meio-dia
Silêncio, quietude e concentração perante Deus (2 minutos)

Leitura bíblica: Lucas 10:38-42
Prosseguindo viagem, Jesus entrou num povoado; e uma mulher chamada Marta recebeu-o em casa. Sua irmã, chamada Maria,

> *sentando-se aos pés do Senhor, ouvia a sua palavra. Marta, porém, estava atarefada com muito serviço; e, aproximando-se, disse: Senhor, não te importas que minha irmã me tenha deixado sozinha com o serviço? Dize-lhe que me ajude. E o Senhor lhe respondeu: Marta, Marta, estás ansiosa e preocupada com muitas coisas; mas uma só é necessária; e Maria escolheu a boa parte, e esta não lhe será tirada.*

Devocional

Maria e Marta representam duas abordagens da vida cristã. Marta está ativamente servindo a Jesus, mas está ausente de Jesus. Ela está ocupada no "fazer" da vida. Sua vida é pressionada e cheia de distrações. Suas ocupações a tornaram desconectada de seu amor por Jesus. Os problemas de Marta, entretanto, vão além de sua ocupação. Suponho que, se Marta estivesse sentada aos pés de Jesus, estaria distraída por tudo o que se passava em sua mente. Sua pessoa interior é sensível, irritadiça e ansiosa.

Maria, por outro lado, está sentada aos pés de Jesus, ouvindo-o. Ela está praticando o "estar" com Jesus, desfrutando da intimidade com ele, amando-o e tendo prazer em sua presença. Sua vida tem um centro de gravidade — Jesus. Suponho que, se Maria fosse ajudar nos afazeres domésticos, não estaria preocupada ou triste. Por quê? Sua pessoa interior teria reduzido o ritmo o suficiente para focar em Jesus e concentrar sua vida nele.

Nosso objetivo é amar a Deus com todo o nosso ser, consistentemente conscientes de Deus em nossa vida diária — estejamos parados como Maria aos pés de Jesus, ou ativos como Marta, cuidando das tarefas da vida.[7]

Pergunta a ser considerada

O que está preocupando ou entristecendo você hoje?

Oração

> *Ajuda-me, ó Senhor, a ficar calmo e a esperar pacientemente por ti* (Salmos 37:7). *Entrego a ti cada*

uma de minhas ansiedades e preocupações este dia. Ensina-me a estar em atenta atitude de oração e a descansar em ti ao entrar nas muitas atividades deste dia. Em nome de Jesus, amém.

Encerre com silêncio (2 minutos).

Dia 4: Ofício divino do meio-dia/noite
Silêncio, quietude e concentração perante Deus (2 minutos)

Leitura bíblica: Salmo 62:5-8

Ó minha alma, descansa somente em Deus, porque dele vem a minha esperança. Só ele é minha rocha e minha salvação; ele é minha fortaleza; não serei abalado. Minha salvação e minha glória estão em Deus; ele é meu forte rochedo e meu refúgio. Ó povo, confiai nele em todo o tempo; derramai o coração perante ele; Deus é nosso refúgio.

Devocional

Davi, um homem segundo o coração de Deus, foi o modelo exemplar da perfeita integração de uma plena vida emocional com uma profunda vida contemplativa com Deus. Ele confiava no Senhor, derramando suas lutas, medos e angústias sobre as mentiras ditas a seu respeito.

Em *The Cry of the Soul* [O grito da alma], Dan Allender e Tremper Longman resumem por que a consciência de nossos sentimentos é tão importante para o nosso relacionamento com Deus:

> Ignorar nossas emoções é voltar as costas à realidade; prestar atenção às nossas emoções nos conduz à realidade. E a realidade é onde encontramos Deus [...]. As emoções são a linguagem da alma. Elas são o grito que dá coração à voz [...]. No entanto, muitas vezes fazemos ouvidos moucos — com negação emocional, distorção ou falta de compromisso. Nós afastamos tudo

o que nos perturba para ganharmos um tênue controle do nosso mundo interior. Ficamos assustados e envergonhados com o que vaza para a nossa consciência. Ao negligenciarmos nossas intensas emoções, somos falsos conosco mesmos e perdemos uma maravilhosa oportunidade de conhecermos Deus. Esquecemos que a mudança vem pela brutal honestidade e vulnerabilidade perante Deus.[8]

Pergunta a ser considerada
O que o deixa irritado hoje? Triste? Com medo? Coloque suas reações diante de Deus, confiando nele como fez Davi.

Oração
Senhor, assim como Davi, frequentemente me sinto como uma parede inclinada, uma cerca pouco firme prestes a ser derrubada! Muitas forças e circunstâncias parecem estar vindo contra mim. Ajuda-me, Senhor, a encontrar descanso em ti e a achar abrigo em tua fortaleza. Em nome de Jesus, amém.

Encerre com silêncio (2 minutos).

Dia 5: Ofício divino da manhã/meio-dia

Silêncio, quietude e concentração perante Deus (2 minutos)

Leitura bíblica: João 7:2-8
Estava próxima a festa dos judeus, a festa dos tabernáculos. Então seus irmãos lhe disseram: Retira-te daqui e vai para a Judeia, para que também os teus discípulos vejam as obras que fazes. Porque ninguém que procura ser conhecido age em segredo. Já que fazes essas coisas, manifesta-te ao mundo. Pois nem seus irmãos criam nele. Então lhes disse Jesus: O meu tempo ainda não chegou; mas o vosso tempo está sempre presente. O mundo não vos pode odiar; mas odeia a mim, pois dou testemunho de que

suas obras são más. Subi à festa; eu não subirei por enquanto, pois o meu tempo ainda não chegou.

Devocional

Jesus se movia vagarosamente, sem se esforçar ou se apressar. Ele esperou pacientemente durante seus anos de adolescência e juventude para se revelar como o Messias. Mesmo então, ele não se apressou para ser reconhecido; esperou pacientemente pelo tempo do seu Pai durante seu curto ministério.

Por que então nós odiamos o "devagar" quando Deus parece se deleitar nele? Eugene Peterson nos dá pelo menos duas razões:

> *Sou ocupado porque sou vaidoso.* Eu quero parecer importante. Notável. Há melhor maneira do que estar ocupado? As horas incríveis, a agenda cheia e as pesadas exigências do meu tempo são prova para mim mesmo — e para todos que observarem — de que sou importante. Se eu vou a um consultório médico e vejo que não há ninguém esperando e observo pela porta entreaberta que o médico está lendo um livro, eu me pergunto se ele é bom [...].
>
> Essa experiência me afeta. Eu vivo numa sociedade na qual agenda cheia e pressão são evidência de importância, então desenvolvo uma agenda cheia e vivo pressionado. Quando outros notam, reconhecem minha importância, e minha vaidade é alimentada.
>
> *Sou ocupado porque sou preguiçoso.* Na minha indolência eu deixo que outros decidam por mim, em vez de resolutamente decidir por mim mesmo o que fazer. Esse foi um tema favorito de C.S. Lewis: somente as pessoas preguiçosas trabalham duro. Ao preguiçosamente abdicarmos do trabalho essencial de decidir e dirigir, estabelecer valores e fixar metas, outras pessoas o fazem por nós.[9]

Pergunta a ser considerada
Qual o passo que você pode dar hoje para reduzir o ritmo e viver mais atentamente à voz de Jesus?

Oração
> Senhor, concede-me a graça de fazer uma coisa de cada vez hoje, sem pressa ou afobação. Ajuda-me a saborear o sagrado em tudo o que eu fizer, seja grande ou pequeno. Pelo Espírito Santo em mim, capacita-me a fazer uma pausa hoje ao me mover de uma atividade para outra. Em nome de Jesus, amém.
>
> *Encerre com silêncio* (2 minutos).

Dia 5: Ofício divino do meio-dia/noite
Silêncio, quietude e concentração perante Deus (2 minutos)

Leitura bíblica: 2Coríntios 12:7-10
> *Portanto, para que eu não me tornasse arrogante, foi-me posto um espinho na carne, um mensageiro de Satanás para me atormentar, para que eu não me tornasse arrogante. Pedi ao Senhor três vezes que o tirasse de mim. Mas ele me disse: A minha graça te é suficiente, pois o meu poder se aperfeiçoa na fraqueza. Por isso, de muito boa vontade me gloriarei nas minhas fraquezas, a fim de que o poder de Cristo repouse sobre mim. Por isso, eu me contento nas fraquezas, nas ofensas, nas dificuldades, nas perseguições, nas angústias por causa de Cristo. Pois, quando sou fraco, então é que sou forte.*

Devocional
A Bíblia não ameniza as falhas e fraquezas de seus heróis. Abraão mentiu. A esposa de Oseias foi uma prostituta. Pedro censurou Deus! Noé tomou uma bebedeira. Jonas foi racista. Jacó mentiu. João Marcos abandonou Paulo. Elias entrou em

depressão. Jeremias foi depressivo e suicida. Tomé duvidou. Moisés foi genioso. Timóteo tinha úlcera. Até Davi, um dos amigos amados de Deus, cometeu adultério com Bate-Seba e assassinou o marido dela. Todavia, todas essas pessoas nos ensinam a mesma coisa: que todo ser humano sobre a terra, independentemente de seus dons naturais e forças, é fraco, vulnerável e dependente de Deus e dos outros.[10]

A pressão para apresentarmos uma imagem de nós mesmos como fortes e espiritualmente "coesos" paira sobre a maioria das pessoas. Sentimo-nos culpados por não correspondermos, por não atingirmos a expectativa. Esquecemos que todos nós somos humanos e frágeis.

O apóstolo Paulo lutou com Deus por não responder às suas orações e não remover seu "espinho na carne". No entanto, ele agradeceu a Deus por seu quebrantamento, sabendo que, sem isso, ele teria sido um apóstolo arrogante e "pretensioso". Ele aprendeu, como todos nós devemos aprender, que o poder de Cristo se aperfeiçoa somente quando somos fracos.

Pergunta a ser considerada
Como pode o quebrantamento ou a fraqueza em sua vida hoje apresentar uma oportunidade para que o poder de Deus seja demonstrado?

Oração
Pai, a ideia de admitir para mim mesmo e para os outros minhas fraquezas e falhas é muito difícil. Senhor, sou fraco. Sou dependente de ti. Tu és Deus, e eu não. Ajuda-me a aceitar tua obra em mim. E que eu possa dizer, como Paulo: "Quando sou fraco (quebrantado), então sou forte". Em nome de Jesus, amém.

Encerre com silêncio (2 minutos).

Notas

1. Citado em DE WAAL, Esther. *Lost in Wonder: Rediscovering the spiritual art of attentiveness* [Maravilhados: Redescobrindo a arte espiritual da atenção]. Collegeville: Liturgical Press, 2003, p. 19.

2. Madre Teresa. *A simple path* [Caminho simples]. New York: Ballantine Books, 1995, p. 7, 8.

3. PETERSON, Eugene H. *Under the unpredictable plant: An exploration in vocational Holiness* [Sob o plano imprevisível: uma exploração da santidade vocacional]. Grand Rapids: Eerdmans, 1992, p. 15, 16.

4. MERTON, Thomas. *A sabedoria do deserto*, São Paulo: Martins Fontes, 1960, 2004.

5. STEPHENS, R. Paul. *Espiritualidade na prática: encontrando Deus nas coisas simples e comuns da vida*. São Paulo: Ultimato, 2006.

6. FORD, Leighton. *The attentive life: discovering God's presence in all things* [A vida atenta: descobrindo a presença de Deus em todas as coisas]. Downer Grove: InterVarsity, 2008, p. 138, 39, 173.

7. SCAZZERO, Peter *Espiritualidade emocionalmente saudável*, p. 63-66.

8. ALLENDER, Dan e LONGMAN III, Tremper. *The cry of the soul* [O grito da alma], Dallas: Word, 1994, 24, 25.

9. PETERSON, Eugene H. *O pastor contemplativo*. São Paulo: Mundo Cristão, 2008.

10. SCAZZERO, Peter. *Espiritualidade emocionalmente saudável*, p. 45.

2

CONHEÇA A SI MESMO PARA CONHECER A DEUS

Ofícios divinos
Segunda semana

Dia 1: Ofício divino da manhã/meio-dia

Silêncio, quietude e concentração perante Deus (2 minutos)

Leitura bíblica: Marcos 1:33-38

E toda a cidade estava reunida à porta da casa. E ele curou muitos doentes acometidos de diversas enfermidades e expulsou muitos demônios; mas não permitia que os demônios falassem, porque eles sabiam quem ele era. De madrugada, ainda bem escuro, Jesus levantou-se, saiu e foi a um lugar deserto; e ali começou a orar. Então Simão e seus companheiros saíram para procurá-lo e, quando o encontraram, disseram-lhe: Todos te procuram. Jesus lhes respondeu: Vamos a outros lugares, aos povoados vizinhos, para que também eu pregue ali, pois foi para isso que vim.

Devocional

O desafio para mudar nosso "antigo" eu para vivermos autenticamente em nosso "novo" eu atinge bem o centro da verdadeira espiritualidade. Percebemos essa autenticidade na vida de Jesus.

No meio de um pequeno reavivamento na cidade de Cafarnaum, Jesus pôde suportar a pressão de todos procurando por ele e mudar-se para outro lugar. Ele também conhecia seu Pai, que o amava e tinha uma obra para ele realizar. Ao viver fielmente a seu verdadeiro eu, Jesus desapontou muitas pessoas. Por exemplo, ele desapontou:

- Sua família, a ponto de sua mãe e seus irmãos acharem que ele estava fora de si (Marcos 3:21).
- As pessoas que cresceram com ele em Nazaré. Quando Jesus declarou quem ele realmente era — o Messias —, eles tentaram jogá-lo de um penhasco (Lucas 4:28, 29).
- Seus amigos íntimos, os doze discípulos. Eles projetaram em Jesus o tipo particular de Messias que esperavam que

ele fosse. Quando ele não atendeu às expectativas, desistiram dele.
- **As multidões.** Elas queriam um Messias terreno que as alimentasse, resolvesse todos os seus problemas, expulsasse os opressores romanos, operasse milagres e proferisse sermões inspiradores. Elas desertaram dele.
- **Os líderes religiosos.** Eles não gostaram do caráter disruptor que a presença de Jesus trazia para a vida diária e a teologia deles. Finalmente atribuíram seu poder aos demônios e o crucificaram.[1]

Pergunta a ser considerada

Você poderia citar uma forma específica de se submeter às expectativas de outros em vez de ser fiel ao que Jesus tem para você?

Oração

Jesus, sou grato porque entendes o que é sentir-se pressionado pelas expectativas dos outros. Posso me sentir esmagado às vezes. Senhor, ajuda-me a amar os outros enquanto ao mesmo tempo permaneço fiel a ti. Em nome de Jesus, amém.

Encerre com silêncio (2 minutos).

Dia 1: Ofício divino do meio-dia/noite

Silêncio, quietude e concentração perante Deus (2 minutos)

Leitura bíblica: 1Samuel 17:38-40,45

Saul colocou sua própria armadura em Davi, pôs-lhe sobre a cabeça um capacete de bronze e o vestiu com uma couraça. Davi pôs a espada sobre a armadura e tentou andar, mas não estava acostumado com aquilo. Então disse a Saul: Não consigo andar com isto, pois não estou acostumado. E Davi o tirou. Então pegou o seu cajado, escolheu cinco pedras lisas de um riacho e as colocou na bolsa, no alforje de pastor que carregava. E aproximou-se do filisteu com a funda na mão [...]. Mas Davi lhe respondeu: Tu vens me atacar com espada, lança e escudo; mas eu vou te atacar em nome do SENHOR dos Exércitos, o Deus dos exércitos de Israel, a quem tens afrontado.

Devocional

Mesmo jovem, Davi conhecia tanto a si mesmo como a Deus. Tirando a armadura de Saul, ele lutou contra Golias, de quase três metros de altura, com apenas uma funda e algumas pedras lisas, confiante no Deus vivo.

Diferentemente de Davi, entretanto, a grande maioria de nós vamos para a sepultura sem jamais sabermos quem realmente somos. Vivemos inconscientemente a vida de alguém, ou pelo menos a expectativa de alguém para nós.

Estamos tão desacostumados a ser nosso verdadeiro ego que pode parecer impossível saber onde começar. Thomas Merton descreve o que quase sempre fazemos:

> Minha vida é conduzida pelo desejo por prazeres [...], poder, honra, conhecimento e amor, para encobrir esse falso ego [...]. E eu me envolvo em experiências ao meu redor e me cubro com prazeres e glória como ataduras para me tornar perceptível a mim mesmo e ao mundo, como se eu fosse um corpo invisível que pudesse se tornar visível somente quando algo visível cobrisse sua superfície. Mas não existe substância debaixo das coisas com as quais eu me cubro. Eu sou vazio, e minha estrutura de prazeres e ambições não tem alicerce [...]. E, quando elas acabam, não resta nada para mim a não ser minha própria nudez, vazio e falsidade.[2]

A trilha que devemos percorrer para remover as camadas do nosso falso ego é inicialmente muito difícil. Forças poderosas em torno e dentro de nós podem sufocar o processo. Ao mesmo tempo, o Deus do universo fez sua habitação em nós (João 14:23), e a própria glória que Deus deu a Jesus também foi dada a nós (João 17:21-23).

Pergunta a ser considerada
Que falsa camada ou atadura Deus está convidando você a remover hoje?

Oração
Senhor, concede-me a coragem de Davi para resistir à tentação de viver uma vida que não é a que me deste. Livra-me do "Golias" à minha frente e das vozes negativas que ouço com tanta frequência. Ajuda-me a ouvir e a obedecer tua voz hoje. Em nome de Jesus, amém.

Encerre com silêncio (2 minutos).

Dia 2: Ofício divino da manhã/meio-dia
Silêncio, quietude e concentração perante Deus (2 minutos)

Leitura bíblica: Salmo 139:13-16
Pois tu formaste o meu interior, tu me teceste no ventre de minha mãe. Eu te louvarei, pois fui formado de modo tão admirável e maravilhoso! Tuas obras são maravilhosas, tenho plena certeza disso! Meus ossos não te estavam ocultos, quando em segredo fui formado e tecido com esmero nas profundezas da terra. Teus olhos viram a minha substância ainda sem forma, e no teu livro os dias foram escritos, sim, todos os dias que me foram ordenados, quando nem um deles ainda havia.

Devocional
Davi parece ter mantido a tensão de duas verdades complementares ensinadas na Escritura. Nós somos pecadores que

precisam desesperadamente de perdão e de um Salvador. Ao mesmo tempo, Deus nos criou à sua imagem, entreteceu-nos no útero de nossa mãe com enorme cuidado e nos escolheu para um propósito especial na terra. Parker Palmer capturou bem a maravilha do Salmo 139:

> A vocação não vem de uma voz "de fora" chamando para me tornar algo que não sou. Vem de uma voz "de dentro" chamando para eu ser a pessoa para a qual nasci, para cumprir o eu original que recebi de Deus ao nascer.
>
> É uma estranha dádiva, esse direito de nascimento do ego. Aceitá-lo é uma tarefa ainda mais exigente do que tentar ser outra pessoa! Às vezes tenho respondido a essa demanda ignorando o dom, ou tentando escondê-lo, ou fugindo dele, ou dissipando-o — e acho que não estou sozinho. Existe um conto hassídico que revela, com surpreendente brevidade, tanto a tendência universal de querer ser outra pessoa quanto a importância final de tornar-se o próprio eu. O rabi Zusya, quando era velho, disse: "No mundo futuro, eles não me perguntarão: 'Por que você não foi Moisés?' Eles me perguntarão: 'Por que você não foi Zusya?' "[3]

Pergunta a ser considerada

Qual seria o seu dom por "direito de nascimento" concedido por Deus e que você tem ignorado em sua vida?

Oração

Senhor, estou convidando-te neste dia a cortar aquelas correntes profundamente arraigadas que me impedem de ser fiel ao meu verdadeiro ego em Cristo. Ao fazer isso, que a minha vida possa ser uma bênção para muitos. Em nome de Jesus, amém.

Encerre com silêncio (2 minutos).

Dia 2: Ofício divino do meio-dia/noite
Silêncio, quietude e concentração perante Deus (2 minutos)

Leitura bíblica: Efésios 3:14-19

Por essa razão, dobro meus joelhos perante o Pai, de quem toda família nos céus e na terra recebe o nome, para que, segundo as riquezas da sua glória, vos conceda que sejais interiormente fortalecidos com poder pelo seu Espírito. E que Cristo habite pela fé em vosso coração, a fim de que, arraigados e fundamentados em amor, vos seja possível compreender, juntamente com todos os santos, a largura, o comprimento, a altura e a profundidade desse amor, e assim conhecer esse amor de Cristo, que excede todo o entendimento, para que sejais preenchidos até a plenitude de Deus.

Devocional

Bernardo de Claraval (1090—1153 d.C.), abade de um mosteiro cisterciense na França, foi talvez o maior líder cristão e escritor do seu tempo. Em sua grande obra intitulada *Sobre o amor por Deus*, Bernardo descreve quatro graus de amor:

1. O homem se ama por seu próprio bem.
2. O homem ama a Deus por suas dádivas e bênçãos.
3. O homem ama a Deus apenas por ele mesmo.
4. O homem se ama por causa de Deus.

Para Bernardo, o mais alto grau de amor era simplesmente amar a si mesmo como Deus ama — no mesmo grau, da mesma maneira e exatamente com o mesmo amor. Nós amamos o ego que Deus ama, a imagem e semelhança essencial de Deus em nós que foi danificada pelo pecado.[4]

Pergunta a ser considerada

Onde você se vê na lista de Bernardo dos quatro graus de amor?

Oração

Senhor, fortalece-me com teu poder para que eu possa compreender quão largo, longo, alto e profundo é o amor de Cristo, que ultrapassa o conhecimento humano. Que eu possa amar-te por ti somente, e não por tuas dádivas ou bênçãos. E que eu possa viver na profunda experiência do teu terno amor este dia. Em nome de Jesus, amém.

Encerre com silêncio (2 minutos).

Dia 3: Ofício divino da manhã/meio-dia
Silêncio, quietude e concentração perante Deus (2 minutos)

Leitura bíblica: Marcos 10:26-31

Com isso eles ficaram extremamente admirados, perguntando: Quem, então, pode ser salvo? Fixando neles o olhar, Jesus respondeu: Isso é impossível para os homens, mas não para Deus; pois para Deus tudo é possível. Então Pedro começou a dizer--lhe: Nós deixamos tudo e te seguimos. Jesus respondeu: Em verdade vos digo que ninguém há que tenha deixado casa, ou irmãos, ou irmãs, ou mãe, ou pai, ou filhos, ou campos, por causa de mim e do evangelho, que não receba cem vezes mais, agora no presente, em casas, irmãos, irmãs, mães, filhos e campos, com perseguições, e no mundo vindouro, a vida eterna. Mas muitos dos primeiros serão últimos, e os últimos serão primeiros.

Devocional

Antão (251-356 d.C.) cresceu numa família rica no Egito, recebendo uma excelente educação de seus pais cristãos. Certo domingo, Antão ouviu as palavras: "Vá, venda tudo o que você tem e dê aos pobres, e terá um tesouro no céu" e ele sentiu

Deus falando diretamente ao seu coração. Diferentemente do jovem rico, ele respondeu ao chamado de Jesus pela fé.

Tendo vendido suas posses, Antônio foi para o isolamento do deserto egípcio, não apenas por alguns dias ou semanas, mas durante vinte anos! Ele renunciou a todos os seus bens para aprender o desinteresse; ele renunciou ao discurso a fim de aprender a compaixão; e renunciou à atividade para aprender a orar. No deserto, Antônio descobriu Deus e travou intensa batalha contra o diabo.

Quando Antônio saiu de seu isolamento após vinte anos, as pessoas reconheceram nele as qualidades de um autêntico homem "rico" — completo no corpo, mente e alma. Deus logo o capturou num dos ministérios mais notáveis daquela época. Ele pregou o evangelho entre os ricos e os pobres, realizou muitas curas, expeliu demônios e muito mais. O imperador Constantino Augusto procurou o conselho de Antônio. Ele serviu incansavelmente nas prisões e entre os pobres.[5]

Na velhice, Antônio se retirou para um isolamento ainda maior para ficar totalmente absorvido em comunhão direta com Deus. Morreu no ano 356, aos 106 anos de idade.[6]

Pergunta a ser considerada

O que o impressiona mais a respeito da história da vida de Antão?

Oração

> *Senhor, está claro que as falsas camadas de Antão, do ego superficial, foram mudadas durante seu tempo contigo. Quebra a casca dura que recobre o meu coração e que obscurece e oculta o meu verdadeiro ego em Cristo. Transforma-me no tipo de pessoa que desejas que eu seja. Em nome de Jesus.*

Encerre com silêncio (2 minutos).

Dia 3: Ofício divino do meio-dia/noite

Silêncio, quietude e concentração perante Deus (2 minutos)

Leitura bíblica: Mateus 4:1-3, 8-11

Então Jesus foi conduzido pelo Espírito ao deserto, para ser tentado pelo diabo. E, depois de jejuar quarenta dias e quarenta noites, sentiu fome. Então o tentador aproximou-se dele e disse: Se tu és Filho de Deus, ordena que estas pedras se transformem em pães [...]. O diabo o levou ainda a um monte muito alto e mostrou-lhe todos os reinos do mundo e a glória deles; e disse-lhe: Eu te darei tudo isto, se, prostrado, me adorares. Então Jesus lhe ordenou: Vai-te, Satanás; pois está escrito: Ao Senhor teu Deus adorarás e só a ele prestarás culto. Então o diabo o deixou; e vieram anjos e passaram a servi-lo.

Devocional

O isolamento é a fornalha da transformação. Sem isolamento permanecemos vítimas de nossa sociedade e continuamos a ser enredados nas ilusões do falso ego. Jesus mesmo entrou nesta fornalha. Lá ele foi tentado com três compulsões do mundo: ser relevante ("transformar pedras em pães"), ser espetacular ("atirar-se para baixo") e ser poderoso ("Dar-te-ei todos estes reinos"). Lá ele confirmou Deus como a única fonte de sua identidade ("Ao Senhor teu Deus adorarás e só a ele prestarás culto"). O isolamento é o lugar da grande luta e do grande encontro — a luta contra as compulsões do falso ego, e o encontro com o Deus amoroso que se oferece como a substância do novo ego [...].

Na solidão eu me livro do meu cadafalso: nenhum amigo com quem conversar, nenhum telefonema para fazer [...]. A tarefa é perseverar em meu isolamento, para ficar em minha cela até que todos os meus visitantes sedutores se cansem de bater à minha porta e me deixem sozinho.

— Henri Nouwen[7]

Pergunta a ser considerada
Em que tentações ou provações você se encontra hoje que Deus possa estar usando como fornalha para ajudar a desenvolver sua vida interior?

Oração
> Senhor, ajuda-me a reduzir o volume das vozes que me atribuem pouco valor a menos que eu seja rico, influente e popular. Concede-me a graça hoje de experimentar tua voz, que me diz: "Tu és meu filho, a quem eu amo; contigo eu estou satisfeito" (Mateus 3:16). Em nome de Jesus, amém.
>
> Encerre com silêncio (2 minutos).

Dia 4: Ofício divino da manhã/meio-dia
Silêncio, quietude e concentração perante Deus (2 minutos)

Leitura bíblica: 1Reis 19:1-5
> Acabe contou a Jezabel tudo quanto Elias havia feito e como matara pela espada todos os profetas. Então, Jezabel mandou um mensageiro dizer a Elias: Que os deuses me castiguem se até amanhã a estas horas eu não houver feito com a tua vida como fizeste à deles. Quando ele ouviu isso, fugiu para salvar a própria vida. Chegando a Berseba, que pertence a Judá, deixou ali o seu servo. Mas ele entrou pelo deserto, caminho de um dia, sentou-se debaixo de um arbusto e pediu para si a morte, dizendo: Já basta, ó SENHOR. Toma agora a minha vida, pois não sou melhor que meus pais. E, deitado debaixo do arbusto, adormeceu. Então, um anjo o tocou e lhe disse: Levanta-te e come.

Devocional
Após sua grande vitória sobre 850 falsos profetas no monte Carmelo, Elias teve de fugir para salvar sua vida. No processo, viu-se exausto e deprimido — a ponto de querer morrer. Por razões não informadas no texto, encontramos Elias sozinho

debaixo de um arbusto e pedindo pela morte. Ele está, como dizemos hoje, esgotado.

> Quando eu dou algo que não possuo, dou um presente falso e perigoso, um presente que parece amor mas é, na realidade, falta de amor — um presente dado mais da minha necessidade de provar a mim mesmo do que da necessidade dos outros serem cuidados [...].
>
> Um sinal de que estou violando minha própria natureza em nome da nobreza é a condição chamada esgotamento. Embora normalmente considerado o resultado de tentar dar muito, o esgotamento em minha experiência resulta de tentar dar o que eu não possuo — o máximo em dar muito pouco! Esgotamento é um estado de vazio, sem dúvida, mas não resulta em dar tudo o que tenho; revela meramente a insignificância do que eu estava tentando dar em primeiro lugar.
>
> — Parker Palmer[8]

Pergunta a ser considerada
O que seria, para você, respeitar a si mesmo à luz de seus limites humanos dados por Deus?

Oração
Jesus, tu conheces minha tendência em dizer sim a mais compromissos do que tenho a possibilidade de cumprir. Ajuda-me a aceitar o dom de meus limites física, emocional e espiritualmente. E que tu, Senhor Jesus, sejas glorificado em e através de mim hoje. Em teu nome, amém.

Encerre com silêncio (2 minutos).

Dia 4: Ofício divino do meio-dia/noite
Silêncio, quietude e concentração perante Deus (2 minutos)

Leitura bíblica: Êxodo 3:1-5
Moisés estava cuidando do rebanho de Jetro, seu sogro, sacerdote de Midiã, e levou o rebanho para o lado oposto do deserto,

chegando ao Horebe, o monte de Deus. E o anjo do SENHOR apareceu-lhe em uma chama de fogo numa sarça. Moisés olhou e viu que a sarça estava em chamas, mas não se consumia. Então disse: Vou me aproximar para ver essa coisa espantosa. Por que a sarça não se consome? E, vendo o SENHOR que ele se aproximava para ver, chamou-o do meio da sarça: Moisés, Moisés! E ele respondeu: Estou aqui. E Deus prosseguiu: Não te aproximes daqui. Tira as sandálias dos pés, pois o lugar em que estás é terra santa.

Devocional

A presença de Deus em nós é como o fogo na sarça ardente. Gradualmente assume o controle, de modo que, embora permaneçamos totalmente nós mesmos, somos transformados em nossos verdadeiros egos, na forma como Deus originalmente planejou que fôssemos. Ele é luz, e nós somos cheios com sua luz — talvez até mesmo literalmente, como os relatos de que alguns santos brilharam visivelmente. O termo para essa transformação é um tanto chocante: *theosis*, que significa ser transformado em Deus, divinizado ou deificado. Claro que não nos tornamos minideuses com nossos próprios universos. Nunca perdemos nossa identidade, mas somos cheios com Deus como uma esponja é cheia com água.

— Frederica Mathewes-Green[9]

Pergunta a ser considerada

Qual é a área de sua pessoa interior que o fogo da presença de Deus pode querer consumir (por exemplo, egoísmo, ganância, amargura, impaciência)?

Oração

Jesus, creio que vieste me salvar do castigo
de meus pecados — morte — e para a vida eterna.
Ao mesmo tempo, vieste me salvar do veneno que flui
em minhas veias, que me priva de tua luz. Vem

invadir-me com teu fogo abrasador para que eu possa me tornar uma pessoa para a qual tu criaste para estar em ti. Em teu nome, amém.

       Encerre com silêncio (2 minutos).

Dia 5: Ofício divino da manhã/meio-dia

Silêncio, quietude e concentração perante Deus (2 minutos)

Leitura bíblica: Romanos 8:35-39

Quem nos separará do amor de Cristo? Será tribulação, ou angústia, ou perseguição, ou fome, ou privação, ou perigo, ou espada? Como está escrito: Por amor de ti somos entregues à morte todos os dias; fomos considerados como ovelhas para o matadouro. Mas em todas essas coisas somos mais que vencedores, por meio daquele que nos amou. Pois tenho certeza de que nem morte, nem vida, nem anjos, nem autoridades celestiais, nem coisas do presente nem do futuro, nem poderes, nem altura, nem profundidade, nem qualquer outra criatura poderá nos separar do amor de Deus, que está em Cristo Jesus, nosso Senhor.

Devocional

A maioria de nós valoriza mais o que outras pessoas pensam do que aquilo de nos damos conta. Como pode ser visto em Gálatas, o apóstolo Paulo compreendeu essa luta intimamente.

  M. Scott Peck ilustra a questão contando um episódio com um colega de escola quando tinha 15 anos. Aqui estão suas reflexões depois de uma conversa com esse amigo:

> De repente me dei conta de que ao longo dos dez minutos, desde que eu tinha visto pela primeira vez meu conhecido até aquele exato momento, eu estivera totalmente preocupado comigo mesmo. Durante dois ou três minutos antes de nos encontrarmos, tudo em que eu estava pensando eram nas coisas

inteligentes que eu poderia dizer para o impressionar. Durante nossos cinco minutos juntos, eu estava prestando atenção ao que ele tinha a dizer para que eu pudesse replicar de forma inteligente. Eu o observei para que pudesse ver que efeito minhas observações estavam tendo sobre ele. E, durante os dois ou três minutos depois de nos separarmos, meu único pensamento foi sobre as coisas que eu poderia ter dito que pudessem tê-lo impressionado ainda mais.

Eu não havia me importado nem um pouco com meu colega de classe.[10]

Pergunta a ser considerada

Como o seu dia poderia mudar hoje se você parasse de procurar a aprovação humana e começasse a procurar somente a aprovação de Deus?

Oração

Dá-me coragem, Senhor, para fazer hoje o que me deste a fazer, a dizer o que me deste a falar e a me tornar quem tu queres que eu me torne. Em nome de Jesus, amém.

Encerre com silêncio (2 minutos).

Dia 5: Ofício divino do meio-dia/noite

Silêncio, quietude e concentração perante Deus (2 minutos)

Leitura bíblica: Isaías 40:28-31

Não sabes? Não ouviste que o eterno Deus, o SENHOR, o criador dos confins da terra, não se cansa nem se fatiga? O seu entendimento é insondável. Ele dá força ao cansado e fortalece o que não tem vigor. Os jovens se cansarão e se fatigarão, e os moços cairão, mas os que esperam no SENHOR renovarão suas forças; subirão com asas como águias; correrão e não se cansarão; andarão e não se fatigarão.

Devocional

Em seu livro *The song of the bird* [O canto do pássaro], Tony de Mello conta a seguinte história:

> Certo homem achou um ovo de águia e o colocou num ninho em um galinheiro. A pequena águia foi chocada com a ninhada de pintos e cresceu com eles.
>
> A vida toda a águia fazia o que as galinhas faziam, pensando que era um pintinho. Ela ciscava a terra à procura de vermes e insetos, cacarejando o tempo todo. Batia as asas e voava alguns metros.
>
> Os anos se passaram e a águia ficou muito velha. Certo dia ela viu um pássaro magnífico acima dela, no céu sem nuvens. O pássaro deslizava em graciosa majestade entre as poderosas correntes de vento, com raras batidas de suas poderosas asas douradas. A águia olhou admirada.
>
> — Quem é aquele? — perguntou.
>
> — É a águia, o rei dos pássaros — respondeu o vizinho. — Ela pertence ao céu. Nós pertencemos à terra: somos galinhas.
>
> Então a águia viveu e morreu como galinha, porque isso era o que ela pensava ser.[11]

Pergunta a ser considerada

Em que área de sua vida você pode estar vivendo como uma galinha quando Deus, na realidade, o fez uma águia?

Oração

Pai, tu me fizeste uma águia dourada — capaz de voar.
De muitas formas, entretanto, eu ainda vivo como
uma galinha, inconsciente das alturas e das riquezas
às quais me chamaste. Enche-me, Espírito Santo.
Liberta-me para ser a pessoa única que o Senhor Jesus
me criou para ser. Em nome de Jesus, amém.

Encerre com silêncio (2 minutos).

Notas

[1] SCAZZERO, Peter. *Espiritualidade emocionalmente saudável*, p. 102.

[2] MERTON, Thomas. *Novas sementes de contemplação*. Rio de Janeiro: Fissus, 2001.

[3] PALMER, Parker J. *Let your life speak: listening to the voice of vocation* [Que a sua vida fale por si: ouvindo a voz da vocação]. San Francisco: Jossey-Bass, 2000, p. 10, 11.

[4] EVANS, Gillian R. Trad. *Bernard of Clairvaux: selected words, Classics of western spirituality* [Bernardo de Claraval: trechos selecionados, Clássicos da espiritualidade Ocidental]. Mahwah: Paulist Press, 1987, p. 47-94.

[5] FOSTER, Richard J. *Rios de água viva: práticas essenciais das seis grandes tradições da espiritualidade cristã*. São Paulo: Vida, 2008.

[6] NOUWEN, Henri. *O caminho do coração*. Petrópolis: Vozes, 2013.

[7] Ibidem, p. 25-28.

[8] PALMER, Parker J. *Let your life speak*, p. 48, 49.

[9] MATHEWES-GREEN, Frederica. *First fruits of prayer: A forty-day journey through the Canon of St. Andrew* [Primeiros frutos de oração: uma jornada de quarenta dias através do Cânon de Santo André]. Brewster: publicação própria, 2006, p. xii-xiii.

[10] PECK, M. Scott. *A world waiting to be born: civility rediscovered* [Uma cidade esperando para nascer: civilidade redescoberta]. New York: Bantan Books, 1993, p. 112, 13.

[11] MELLO, Anthony de. *The song of the bird* [A canção do pássaro]. New York: Doubleday, 1982, p. 96.

3

Retroceda para avançar

Ofícios divinos
Terceira semana

Dia 1: Ofício divino da manhã/meio-dia
Silêncio, quietude e concentração perante Deus (2 minutos)

Leitura bíblica: Hebreus 11:24-27

Pela fé, Moisés, já adulto, recusou ser chamado filho da filha do faraó, escolhendo, pelo contrário, ser maltratado com o povo de Deus em vez de experimentar por algum tempo os prazeres do pecado. Ele considerou a afronta de Cristo como uma riqueza maior do que os tesouros do Egito, pois tinha em vista a recompensa. Pela fé, ele deixou o Egito, não temendo a ira do rei, e perseverou como quem vê aquele que é invisível.

Devocional

Mesmo as piores e mais dolorosas experiências em família tornam-se parte de nossa identidade total. Deus tinha um plano ao nos colocar em nossas famílias e culturas específicas. E, quanto mais sabemos a respeito de nossas famílias, mais sabemos sobre nós mesmos — e mais liberdade temos para tomar decisões sobre como queremos viver.

Se ignorarmos a verdade por causa do temor, terminamos como a srta. Havisham, do romance *Grandes esperanças*,[1] de Charles Dickens. Filha de um homem rico, ela recebeu uma carta no dia do seu casamento, às 8h40, informando que o seu futuro marido não iria comparecer. Ela parou todos os relógios da casa no momento exato da chegada da carta e passou o resto da vida com seu vestido de noiva (que acabou amarelando), usando apenas um sapato (visto que ainda não havia calçado o outro no momento da tragédia). Mesmo já idosa, permaneceu debilitada pelo peso daquele golpe esmagador. Foi como se "tudo no quarto e na casa tivesse parado". Ela decidiu viver no passado, não no presente ou no futuro.[2]

A vida de Moisés teve mais do que sua cota de dor e fracasso. Após ter sido criado num lar rico e privilegiado, ele assassinou um homem, perdeu tudo e passou os quarenta anos seguintes de sua vida na obscuridade do deserto. Todavia, pela fé ele "vê o invisível" e ouve o convite de Deus para fazer algo que será uma bênção para muitos.

Pergunta a ser considerada

Que convite Deus pode estar fazendo a você por meio dos fracassos e do sofrimento do seu passado?

Oração

> Senhor Jesus, liberta-me para eu ser a pessoa que planejaste que eu seja. Ajuda-me a parar para ouvir tua voz hoje e deixar para trás a "bagagem" que estou carregando enquanto procuro seguir-te. Ajuda-me a discernir tua mão agindo em minha vida e por meio dela, tanto no passado como no futuro. Em nome de Jesus, amém.

Encerre com silêncio (2 minutos).

Dia 1: Ofício divino do meio-dia/noite

Silêncio, quietude e concentração perante Deus (2 minutos)

Leitura bíblica: Lucas 9:59-62

> *E disse a outro: Segue-me. Mas ele respondeu: Permite que eu primeiro vá sepultar meu pai. Jesus lhe respondeu: Deixa os mortos sepultarem os seus mortos; tu, porém, vai e anuncia o reino de Deus. E outro disse: Senhor, eu te seguirei, mas deixa--me primeiro despedir-me dos de minha família. Jesus, porém, respondeu-lhe: Ninguém que ponha a mão no arado e olhe para trás é apto para o reino de Deus.*

Devocional

Há uma antiga história a respeito de um menino que, tendo crescido à margem de um rio largo e turbulento, passou sua infância aprendendo a construir jangadas. Ao atingir a idade adulta, ele derrubou algumas árvores, amarrou-as firmemente umas às outras e, montado nela, atravessou para o distante lado do rio. Por ter passado muito tempo trabalhando na jangada, não queria que ela ficasse para trás ao chegar à terra seca, por isso amarrou-a nos ombros e a carregou com ele, embora tudo o que ele encontrasse em seu caminho fossem alguns riachos e poças facilmente transponíveis. Ele mal conseguia pensar nas coisas que estava perdendo por estar carregando a volumosa jangada — árvores nas quais não conseguia subir, panoramas que não podia ver, pessoas perto de quem não podia chegar e corridas que não podia fazer. Ele nem sequer se deu conta de como a jangada era pesada, porque jamais soubera como seria se libertar dela.

— Lori Gordon[3]

Enquanto todos nós somos afetados por poderosos eventos e circunstâncias externas durante nossa vida terrena, nossas famílias de origem são o grupo mais influente ao qual sempre pertencemos. Mesmo os que saem de casa quando jovens adultos, determinados a "romper" com a história de suas famílias, logo descobrem que o jeito de "fazer a vida" os segue para onde forem.

Os padrões familiares do passado estão presentes em nossos relacionamentos presentes — quase sempre sem que nós estejamos conscientes disso. O preço que pagamos por isso é alto. A história de nossa família vive dentro de todos nós, mesmo naqueles que tentam sepultá-la.

Somente a verdade nos liberta. O que foi aprendido pode ser desaprendido. E, pela graça e pelo poder de Deus, podemos aprender novas formas de "fazer a vida", tornando possíveis a mudança e a liberdade.

Pergunta a ser considerada
Que pesada "jangada" você pode estar carregando enquanto procura escalar as montanhas que Deus colocou à sua frente?

Oração
> *Senhor, eu também prefiro não olhar ou lembrar o passado doloroso. Mostra-me, ó Pai, as pesadas cargas e jangadas que estou carregando devido ao meu passado. Ajuda-me a aprender o que significa enfrentar honestamente o meu passado, entregá-lo a ti e permitir que o uses como meio para o meu amadurecimento e crescimento em Cristo. Em nome de Jesus, amém.*
>
> Encerre com silêncio (2 minutos).

Dia 2: Ofício divino da manhã/meio-dia

Silêncio, quietude e concentração perante Deus (2 minutos)

Leitura bíblica: Marcos 3:31-35
> *Então a mãe e os irmãos de Jesus chegaram e ficaram do lado de fora da casa; e mandaram chamá-lo. Havia muita gente sentada ao redor dele, e disseram-lhe: Tua mãe e teus irmãos estão lá fora e te procuram. Jesus lhes respondeu: Quem é minha mãe e quem são meus irmãos? E olhando em redor para os que estavam sentados à sua volta, disse: Aqui estão minha mãe e meus irmãos! Aquele, pois, que fizer a vontade de Deus, esse é meu irmão, irmã e mãe.*

Devocional
Quando nos tornamos cristãos, somos adotados na família de Jesus. Ele foi claro e direto ao apelar às pessoas para serem leais primeiramente a ele. Discipulado, ele deixou claro, é abandonar os padrões pecaminosos da descrença para fazer as escolhas da fé, ser transformados e viver como membros da família de Jesus.

Quando retrocedemos com o objetivo de avançar, vemos que esse é um processo sem fim. Nós retrocedemos, rompendo algum poder destrutivo do passado. Então mais tarde, Deus nos faz voltar para a mesma questão num nível mais profundo.

Thomas Keating compara a obra de Deus em nós a um "monte" arqueológico do Oriente Médio, no qual uma civilização é construída sobre outra no mesmo lugar. Os arqueólogos escavam, nível a nível, cultura por cultura, ao longo da história. O Espírito Santo, ele diz, é como um arqueólogo divino cavando camadas de nossa vida.

> O Espírito quer investigar toda a história de nossa vida, camada por camada, jogando fora o lixo e preservando os valores que foram apropriados para cada estágio do nosso desenvolvimento humano [...]. No final, o Espírito começa a cavar a camada rochosa de nossa mais remota vida emocional [...]. Dali em diante, à medida que progredimos em direção ao centro onde Deus está de fato esperando por nós, vamos naturalmente sentir que estamos piorando. Isto nos adverte que a jornada espiritual não é um conto de sucesso ou um movimento de carreira. Ao contrário, é uma série de humilhações do falso ego.[4]

Pergunta a ser considerada
Com que falso ego você está lutando para o qual Cristo quer que você morra com o objetivo de viver verdadeiramente?

Oração
Espírito Santo, eu te convido a escavar as camadas do meu ser que impedem meus relacionamentos e comunhão com os outros. Concede-me perseverança para permitir que escaves profundamente, tirando de mim tudo o que não é de Cristo para que eu possa ser cheio de tua presença. Em nome de Jesus, amém.

Encerre com silêncio (2 minutos).

Dia 2: Ofício divino do meio-dia/noite

Silêncio, quietude e concentração perante Deus (2 minutos)

Leitura bíblica: Hebreus 12:1-3

Portanto, também nós, rodeados de tão grande nuvem de testemunhas, depois de eliminar tudo que nos impede de prosseguir e o pecado que nos assedia, corramos com perseverança a corrida que nos está proposta, fixando os olhos em Jesus, o Autor e Consumador da nossa fé, o qual, por causa da alegria que lhe estava proposta, suportou a cruz, não fazendo caso da vergonha que sofreu, e está assentado à direita do trono de Deus. Assim, considerai aquele que suportou tal oposição dos pecadores contra si mesmo, para que não vos canseis e fiqueis desanimados.

Devocional

Francisco de Assis, um dos mais influentes cristãos dos últimos dois mil anos, rompeu com sua família de uma forma muito dramática. À medida que a paixão de Francisco aumentava por seu relacionamento com Cristo e ele se via cada vez menos interessado no lucrativo negócio de seu pai, a tensão entre eles aumentava. Isto atingiu seu ponto máximo na seguinte cena:

> O pai [arrastou] o filho perante o bispo local na esperança de que a autoridade religiosa da cidade pudesse dar algum conselho ao jovem. Mas o plano malogrou. Lá, perante Deus e todos os demais, Francisco tirou a roupa e a entregou ao pai. Ali, em pé, nu como no dia em que nasceu, Francisco disse: "Até agora eu o chamei de pai, mas de agora em diante eu posso dizer sem reserva: 'Pai nosso que está no céu' ".
>
> O pai de Francisco levou de volta a roupa de seu filho para uma grande casa que estava agora estranhamente silenciosa. Francisco, por outro lado, seguiu seu caminho regozijando-se,

repentinamente liberto da sobrecarga da riqueza, da família, e da admiração social [...].

Mas um obstáculo final tinha de ser cruzado antes que ele pudesse servir a Deus de todo coração. Certo dia ele estava andando pela estrada e, ao ver um leproso aproximando-se dele, percebeu que sua oportunidade havia chegado [...]. Francisco aproximou-se dele e o beijou.[5]

Pergunta a ser considerada

O que mais o impacta nesta história sobre Francisco? Como Deus está falando a você por intermédio dela?

Oração

Senhor, não há ninguém como tu. Quero conhecer-te como meu Pai definitivo, cujo amor insondável e incondicional me liberta para viver para ti — muito acima de todas as demais lealdades e expectativas. Em nome de Jesus, amém.

Encerre com silêncio (2 minutos).

Dia 3: Ofício divino da manhã/meio-dia

Silêncio, quietude e concentração perante Deus (2 minutos)

Leitura bíblica: Gênesis 50:15, 18-21

Quando os irmãos de José viram que seu pai estava morto, disseram: E se José nos odiar e nos retribuir todo o mal que lhe fizemos? [...] Depois disso, seus irmãos também foram, prostraram-se diante dele e disseram: Seremos teus escravos. José lhes respondeu: Não temais. Por acaso estou no lugar de Deus? Certamente planejastes o mal contra mim. Porém Deus o transformou em bem, para fazer o que se vê neste dia, ou seja, conservar muita gente com vida. Agora, não temais; sustentarei a vós e a vossos filhinhos. Assim ele os consolou e lhes falou ao coração.

Devocional

José nasceu numa família caracterizada por grande quebrantamento e tristeza. Mentira, ciúme, segredo e traição castigaram a vida de José quando jovem, e ele passou de dez a treze anos na prisão, completamente separado de sua família.

No entanto, José foi capaz de observar a grande e amorosa mão de Deus em todos os seus contratempos e decepções. Ao fazer isso, ele confirmou que Deus misteriosamente nos dirige para os seus propósitos pelas trevas e obscuridade. Deus é o Senhor Deus Onipotente que tem toda a história sob seu controle, operando de forma em sua maior parte oculta a nós na terra. José compreendeu que em todas as coisas Deus está agindo — apesar de, através de e contra todos os esforços humanos —, orquestrando seus propósitos.[6]

Deus nunca descarta nenhuma parte do nosso passado em favor do seu futuro quando nos rendemos a ele. Ele é o Senhor! Cada erro, pecado e desvio que experimentamos em nossa jornada da vida é usado por Deus e se torna sua dádiva para um futuro de bênção quando nos rendemos a ele.

Por que Deus permitiu que José passasse por tal sofrimento e perda? Vemos vestígios que resultaram disso em Gênesis 37—50, mas muito permanece um mistério. Mais importante para nós reconhecermos hoje é que José não negou seu passado, mas confiou na bondade e no amor de Deus, mesmo quando as circunstâncias foram de mal a pior.[7]

Pergunta a ser considerada

Para você, como seria entregar as aflições do seu passado (erros, pecados, contratempos e decepções) a Deus hoje?

Oração

*Pai, com José, eu confirmo que tu soberanamente
me colocaste em minha família, minha cultura
e minhas atuais circunstâncias. Não posso*

ver tudo o que tu vês, mas peço que me mostres como, a exemplo de José, posso descansar em teu amor e poder — mesmo quando não posso ver nenhum bem que possas estar fazendo. Em nome de Jesus, amém.

Encerre com silêncio (2 minutos).

Dia 3: Ofício divino do meio-dia/noite
Silêncio, quietude e concentração perante Deus (2 minutos)

Leitura bíblica: Gênesis 45:4-7

E José disse mais a seus irmãos: Aproximai-vos. E eles se aproximaram. Então prosseguiu: Eu sou José, vosso irmão, a quem vendestes para o Egito. Agora, não vos entristeçais, nem guardeis remorso por me terdes vendido para cá; pois foi para preservar vidas que Deus me enviou adiante de vós. Porque já houve dois anos de fome na terra, e ainda restam cinco anos sem lavoura e sem colheita. Deus enviou-me adiante de vós, para vos conservar descendência na terra e para vos preservar a vida com um grande livramento.

Devocional

A maioria de nós resiste a lembrar e sentir a dor e o sofrimento do passado, os quais podem parecer um abismo prestes a nos engolir. Às vezes nos perguntamos se não estamos piorando. No entanto, José chorou repetidas vezes ao se reunir com sua família. De fato, a Escritura relata que ele chorou em voz tão alta que os egípcios o ouviram (Gênesis 45:2).

José não minimizou ou racionalizou os anos de sofrimento de sua vida. Ele poderia, com raiva, ter destruído seus irmãos. Em vez disso, devido à sincera aflição de sua dor, genuinamente perdoou os irmãos que o haviam traído, e pôde abençoá-los. José pôde discernir que Deus o havia mandado à frente para o

Egito para salvar a vida de seus irmãos por meio de um grande livramento (Gênesis 45:7).

A pergunta é: "Como ele fez isso?"

José claramente desenvolveu uma história secreta durante um longo período de tempo em seu relacionamento com Deus. Sua vida toda foi estruturada em torno de seguir o Senhor Deus de Israel. Depois, quando chegou o momento de tomar uma decisão crítica, ele estava pronto. Assumiu a liderança da família — e continuou até o fim de seus dias — sustentando-os financeira, emocional e espiritualmente.

Pergunta a ser considerada

Que sofrimentos em sua vida estão esperando para ser reconhecidos e lamentados?

Oração

Senhor, conduz-me pelo processo de aflição e cura para que eu possa oferecer genuína bondade e perdão aos que não têm sido bons para comigo. Ajuda-me, como José, a unir-me a ti para me tornar uma bênção a muitas outras pessoas. Em nome de Jesus, amém.

Encerre com silêncio (2 minutos).

Dia 4: Ofício divino da manhã/meio-dia

Silêncio, quietude e concentração perante Deus (2 minutos)

Leitura bíblica: Atos 9:1-6, 15-16

Saulo, porém, ainda respirando ameaças e morte contra os discípulos do Senhor, dirigiu-se ao sumo sacerdote e pediu-lhe cartas para as sinagogas de Damasco, a fim de que, caso encontrasse alguns do Caminho, tanto homens como mulheres, os conduzisse presos a Jerusalém. Mas, seguindo ele viagem e aproximando-se de Damasco, de repente, uma luz resplandecente, vinda do céu, o cercou. E, caindo por terra, ouviu uma voz que lhe dizia: Saulo, Saulo, por que me persegues? Ele perguntou: Quem és tu, Senhor? O Senhor respondeu: Eu sou Jesus, a quem persegues; mas levanta-te e entra na cidade; lá te será dito o que precisas fazer [...].

Mas, o Senhor lhe disse [a Ananias]: *Vai, porque ele é para mim um instrumento escolhido para levar o meu nome perante os gentios, reis e israelitas; pois eu lhe mostrarei quanto lhe é necessário sofrer pelo meu nome.*

Devocional

A grande conversão e a vida de Saulo como apóstolo somente podem ser compreendidas olhando-se para sua vida como um todo e vendo o que antecedeu sua famosa passagem em Atos 9. Søren Kierkegaard observou certa vez que a vida é vivida para frente, mas somente compreendida para trás. Certamente esta foi a experiência de Solzhenitsyn.

Solzhenitsyn é considerado por muitos o maior escritor russo do século 20, mas seu senso de vocação nem sempre foi claro. Seu senso de propósito cresceu em experiências do Gulag, os campos de concentração soviéticos — um lugar onde ele experimentou uma luta mortal para escrever, o milagre da cura de um câncer, uma conversão por intermédio de um seguidor de Jesus judeu e a imensa responsabilidade de registrar "o último desejo de milhões". Ele registrou:

> O que me preocupava era que eu talvez não tivesse tempo para realizar o plano todo. Eu me sentia como se estivesse prestes a preencher um espaço no mundo que me fora concedido e durante muito tempo me aguardava um molde, por assim dizer, feito somente para mim, mas que eu percebia somente naquele exato momento. Era uma substância derretida, impaciente, insuportavelmente impaciente, para colocar em meu molde, para enchê-lo por completo, sem bolhas de ar ou fendas, antes que eu esfriasse e endurecesse [...].

Mais tarde, o verdadeiro significado do que aconteceu tornar-se-ia mais claro para mim e eu ficaria paralisado de surpresa.[8]

Pergunta a ser considerada
Que espaço no mundo (para o qual o seu passado o preparou) está aguardando para ser preenchido por você?

Oração
Senhor, tu és bom e o teu amor dura para sempre. Ajuda-me a confiar em ti — no bem e na dificuldade, no sucesso e nos fracassos, nas alegrias e nas tristezas do meu passado. Eu me rendo à tua voz que me sussurra: "Está tudo bem, e tudo estará bem". Em nome de Jesus, amém.

Encerre com silêncio (2 minutos).

Dia 4: Ofício divino do meio-dia/noite
Silêncio, quietude e concentração perante Deus (2 minutos)

Leitura bíblica: 1Samuel 16:6-7
Quando entraram, Samuel viu Eliabe e pensou: Certamente este é o ungido do SENHOR. Mas o SENHOR disse a Samuel: Não dê atenção à aparência ou à altura dele, porque eu o rejeitei; porque o SENHOR não vê como o homem vê, pois o homem olha para a aparência, mas o SENHOR, para o coração.

Devocional
Chaim Potok, em seu romance *The chosen* [O escolhido], conta a história de uma amizade entre dois meninos que crescem no Brooklyn, New York. Danny é um estrito judeu hassídico e Reuven é um judeu moderado. O pai de Danny é o líder de uma comunidade hassídica e cria seu filho em silêncio. Ele nunca lhe fala diretamente.

Danny se sente ferido e confuso. Não consegue compreender por que seu pai é tão distante e o aflige com tanto sofrimento. No fim do romance, o pai de Danny explica que o que fez por ele foi um ato de amor.

Posteriormente Danny reflete sobre a dolorosa experiência: "Meu pai nunca conversava comigo, exceto quando estudávamos juntos. Ele me ensinou em silêncio. Ele me ensinou a olhar para dentro de mim mesmo, a encontrar minha própria força, a andar dentro de mim mesmo em companhia da minha alma".

No livro, Danny descobre que o sofrimento que experimentou teve um bom resultado. "Uns aprendem a dor dos outros sofrendo a própria dor, voltando-se para dentro de si mesmo, encontrando a própria alma. E é importante conhecer o sofrimento. Ele destrói nosso orgulho próprio, nossa arrogância e nossa indiferença para com os outros. Ele nos torna conscientes de quanto somos frágeis e minúsculos e de quanto dependemos do Senhor do universo".[9]

Ao ler 1Samuel 16, fica-se curioso como seria a vida para Davi como o mais novo dos sete filhos. O que ele aprendeu por ser considerado invisível não somente por seus irmãos, mas também por seu pai? Como pode esta experiência ter ajudado a moldar seu caráter para que ele fosse mais tarde chamado de "um homem segundo o coração de Deus"?

Pergunta a ser considerada
Você pode citar algumas das formas pelas quais sua própria dor o ajudou a perceber o sofrimento dos outros?

Oração
Pai, que os sofrimentos que experimento na vida matem as coisas que precisam morrer em mim — a arrogância, o orgulho e a indiferença para com os outros. Ajuda-me, diariamente, a ver minha fragilidade

*e quão dependente eu sou de ti, o Senhor do universo.
Em nome de Jesus, amém.*

Encerre com silêncio (2 minutos).

Dia 5: Ofício divino da manhã/meio-dia

Silêncio, quietude e concentração perante Deus (2 minutos)

Leitura bíblica: Êxodo 14:10,13-16

Enquanto o faraó se aproximava, os israelitas levantaram os olhos e viram que os egípcios marchavam atrás deles. Então os israelitas ficaram apavorados e clamaram ao SENHOR [...]. Moisés, porém, disse ao povo: Não temais. Acalmai-vos e vede o livramento que o SENHOR vos trará hoje; porque nunca mais vereis os egípcios que hoje vedes. O SENHOR guerreará por vós. Por isso, acalmai-vos. Então o SENHOR disse a Moisés: Por que clamas a mim? Ordena aos israelitas que marchem. E tu, ergue e estende a tua mão com a vara sobre o mar e abre-o, para que os israelitas passem pelo meio do mar em terra seca.

Devocional

Moisés demonstrou santa liderança quando o exército do Egito estava prestes a alcançar os israelitas no mar Vermelho. Entretanto, na ansiedade, os israelitas distorceram o passado e se recusaram a prosseguir. Eles preferiram o passado miserável a um futuro desconhecido com Deus.

Moisés corajosamente fica sozinho e apela para que eles se acalmem e prossigam. Ele toma a vara e dá passos decididos em frente. Recordando o Senhor (acalmando-se), Moisés faz o seu melhor corajosamente (vai em frente), apesar da falta de apoio dos israelitas. Ele dá o exemplo de um delicado equilíbrio: permanecer calmo ao mesmo tempo que avança. Ao fazer isso, transforma não apenas sua própria vida, mas a vida de todos ao seu redor.

Todo aquele que toma alento "assume a liderança" muitas vezes ao dia. Lidamos com ações que vão de um sorriso a uma carranca; com palavras que vão de bênção a maldição; com decisões que vão de fiel a desagradável [...]. Quando eu resisto a pensar em mim mesmo como líder, não é nem por causa de modéstia, nem por um olhar perspicaz para a realidade da minha vida [...]. Eu sou responsável pelo impacto que exerço no mundo, reconheça isso ou não.

Assim, o que é preciso para se qualificar como um líder? Ser humano e estar aqui. Enquanto estou aqui, fazendo o que estou fazendo, estou liderando, por bem ou por mal. E, se eu posso dizer isso, você também pode.

— Parker Palmer[10]

Pergunta a ser considerada
Como as palavras de Êxodo 14:14-15 — *O SENHOR guerreará por vós. Por isso, acalmai-vos* e *ordena que marchem* — se aplicam a você hoje?

Oração
Senhor, posso me comparar aos israelitas no deserto e ao desejo deles de voltar para o previsível — mesmo que seja ruim. Mudar é difícil. Concede-me a coragem de Moisés para andar no delicado equilíbrio entre em permanecer calmo e marchar para a nova vida em Cristo que tu tens para mim. Em nome de Jesus, amém.

Encerre com silêncio (2 minutos).

Dia 5: Ofício divino do meio-dia/noite
Silêncio, quietude e concentração perante Deus (2 minutos)

Leitura bíblica: Salmo 131:1, 2
*S*ENHOR*, meu coração não é arrogante, nem meus olhos são altivos; não busco coisas grandiosas e maravilhosas demais para mim.*

> *Na verdade, acalmo e sossego minha alma; como uma criança desmamada nos braços da mãe, assim é minha alma, como essa criança. Ó Israel, põe tua esperança no SENHOR, desde agora e para sempre.*

Devocional

É frequente nos esquecermos de nossa humanidade, de nossos limites e de nossa inabilidade de mudar os outros. Considerando que Davi foi uma das pessoas mais poderosas do seu tempo, é surpreendente como ele se lembra de não pensar de forma arrogante a respeito de si mesmo.

A citação a seguir é de um rabi hassídico anônimo em seu leito de morte. Essas palavras têm me servido ao longo dos anos; elas me mantêm focado no processo de mudança que Cristo tem realizado em mim:

> Quando eu era jovem, saí para mudar o mundo. Ao amadurecer um pouco, percebi que isso era ambicioso demais, por isso saí para mudar o meu estado. Isto também, como percebi ao ficar um pouco mais velho, era ambicioso demais, por isso saí para mudar a minha cidade. Quando me dei conta de que não podia fazer nem isso, tentei mudar minha família. Agora, como um homem velho, sei que deveria ter começado por mudar a mim mesmo. Se eu tivesse começado comigo mesmo, talvez então eu teria alcançado sucesso em mudar minha família, a cidade, ou até mesmo o estado — e quem sabe, talvez até mesmo o mundo![11]

Pergunta a ser considerada

No Salmo 131:1 Davi ora: *Não busco coisas grandiosas e maravilhosas demais para mim.* Como você ouve essas palavras?

Oração

> *Senhor Jesus, dá ao meu coração olhos para ver e ouvidos para ouvir o que devo mudar. Que eu seja*

mais profunda, radical e poderosamente transformado por causa do teu nome. Amém.

Encerre com silêncio (2 minutos).

Notas

1. DICKENS, Charles. *Grandes esperanças*. São Paulo: Abril Cultural, 1984.
2. SCAZZERO, Peter. *Espiritualidade emocionalmente saudável*, p. 129.
3. GORDON, Lori; FRANDSEN, Jon. *Passage to Intimacy* [Passagem para a intimidade] publicação própria: versão revisada, 2000, p. 157, 58.
4. KEATING, Thomas. *Intimacy with God: An introduction to centering prayer* [Intimidade com Deus: uma introdução à oração centrada]. New York: Crossroads, 1996, p. 82-84.
5. TALBOT, John Michael; RABEY, Steve. *Lições de São Francisco*. Rio de Janeiro: Best Seller, 1998.
6. Scazzero, Peter. *Espiritualidade emocionalmente saudável*, p. 141.
7. Ibidem.
8. Citado em GUINNESS, Os. *O chamado*. São Paulo: Cultura Cristã, 2001.
9. POTOK, Chaim. *The chosen* [O escolhido]. New York: Ballantine, 1967, p. 284, 285.
10. PALMER, Parker J. *Leading from withim: poetry that sustains the courage to lead* [Liderando de dentro: poesia que sustenta a coragem para a liderança], por Sam M. Intrator e Megan Scribner. San Francisco: Jossey-Bass, 2007, xxix-xxx.
11. Citado em RICHARDSON, Ronald W. *Family ties that bind: a self-help guide to change through family of origin therapy* [Laços familiares que amarram: um guia de auto-ajuda para mudanças através da terapia da família de origem]. Bellingham: Self-Counsel Press, 1995, p:35.

4

JORNADA ATRAVÉS DA MURALHA

Ofícios divinos
Quarta semana

Dia 1: Ofício divino da manhã/meio-dia
Silêncio, quietude e concentração perante Deus (2 minutos)

Leitura bíblica: Gênesis 12:1-3

E o SENHOR disse a Abrão: Sai da tua terra, do meio dos teus parentes e da casa de teu pai, para a terra que eu te mostrarei. E farei de ti uma grande nação, te abençoarei e engrandecerei o teu nome; e tu serás uma bênção. Abençoarei os que te abençoarem e amaldiçoarei quem te amaldiçoar; e todas as famílias da terra serão abençoadas por meio de ti.

Devocional

Como poucas outras metáforas, a imagem da vida cristã como uma jornada captura nossa experiência de seguir a Cristo. Jornadas envolvem movimento, ação, paradas e partidas, desvios, atrasos e viagens ao desconhecido.

Deus chamou Abraão para deixar sua vida confortável em Ur com a idade de 75 anos a fim de entrar numa longa e lenta jornada — uma jornada com Deus que iria requerer muita confiança paciente.

Confiança paciente

Acima de tudo, confiança no lento trabalho de Deus. Somos naturalmente impacientes para alcançar o fim sem demora. Gostaríamos de pular os estágios intermediários. Somos impacientes quando estamos a caminho de algo desconhecido, algo novo. E, todavia, essa é a lei de todo progresso: passar por alguns estágios de instabilidade — que podem durar bastante.

E assim penso ser com você; suas ideias amadurecem gradualmente — deixe-as crescer, deixe-as tomar forma, sem pressa injustificada. Não tente forçá-las, como se você pudesse ser hoje o que o tempo (isto é, graça e circunstância agindo por conta própria) fará de você amanhã.

Somente Deus pode dizer o que será este novo espírito gradualmente formado dentro de você. Dê ao nosso Senhor o benefício de crer que sua mão está dirigindo você. E aceite a ansiedade de sentir-se em suspenso e incompleto.

— Pierre Teilhard de Chardin[1]

Pergunta a ser considerada
O que significa para você confiar na lenta obra de Deus hoje?

Oração
Concede-me coragem, ó Pai, para realizar a única viagem que preparaste para mim. Pela fé, entrego minha necessidade e desejo de estar no controle de cada evento, circunstância e pessoa que eu encontrar hoje. Em nome de Jesus, amém.

Encerre com silêncio (2 minutos).

Dia 1: Ofício divino do meio-dia/noite
Silêncio, quietude e concentração perante Deus (2 minutos)

Leitura bíblica: Cântico dos cânticos 1:2, 3:1-3
Beije-me ele com os beijos da sua boca, pois seus afagos são melhores do que o vinho [...]. De noite, em meu leito, procurei aquele a quem o meu coração ama; procurei-o, mas não o achei. Eu vou me levantar e percorrer a cidade; pelas ruas e pelas praças buscarei aquele a quem o meu coração ama. Eu o procurei, mas não o achei. Encontraram-me os guardas quando faziam a ronda pela cidade; eu lhes perguntei: Por acaso vistes aquele que eu amo?

Devocional
Os cristãos leem o Cântico dos Cânticos em dois níveis: como o amor conjugal de um homem e uma mulher, e como a

descrição de nossa relação de amor com o Senhor Jesus — nosso noivo. Cântico dos Cânticos 3:1—3 descreve, em particular, a experiência de Madre Teresa de Calcutá. Com relação à sua sofrida luta com a ausência de Deus ao longo de seus cinquenta anos de serviço entre os pobres, ela escreveu:

> Quando tento levantar meus pensamentos para o Céu — existe um vazio condenador tal que esses mesmos pensamentos retornam como facas afiadas e ferem exatamente a minha alma. Amor — a palavra — não traz nada. É-me dito que Deus me ama — e todavia a realidade das trevas, do frio e do vazio é tão grande que nada toca minha alma [...].
>
> Apesar de tudo — a escuridão e o vazio não são tão dolorosos quanto o desejo por Deus [...].
>
> Antes de passar horas perante Nosso Senhor — amando-o — conversando com ele — e agora — nem mesmo a meditação sai corretamente [...]. Todavia, bem fundo em algum lugar do meu coração aquele desejo por Deus continua rompendo as trevas [...].
>
> Minha alma é como [um] bloco de gelo — não tenho nada a dizer.[2]

Madre Teresa veio a perceber que suas trevas eram o lado espiritual de sua obra, um compartilhar do sofrimento de Cristo, um tesouro para ela e seu trabalho singular. Ela finalmente escreveu: "Acabei amando as trevas. Porque acredito que ela é parte, uma parte muito pequena, das trevas e do sofrimento de Jesus na terra".[3]

Pergunta a ser considerada
Que tesouros podem estar nas trevas ou dificuldades de sua vida hoje?

Oração

Pai, ensina-me a confiar em ti mesmo quando sinto como se estivesse sozinho e que tu estás dormindo no barco com a tempestade se enfurecendo ao meu redor. Desperta-me para os tesouros que podem somente ser encontrados nas trevas. Concede-me a graça para seguir-te para o próximo local que tens para mim nesta jornada chamada vida. Em nome de Jesus, amém.

Encerre com silêncio (2 minutos).

Dia 2: Ofício divino da manhã/meio-dia

Silêncio, quietude e concentração perante Deus (2 minutos)

Leitura bíblica: Hebreus 12:7-11

É visando à disciplina que perseverais. Deus vos trata como filhos. Pois qual é o filho a quem o pai não disciplina? Mas, se estais sem disciplina, da qual todos se têm tornado participantes, então, não sois filhos, mas filhos ilegítimos. Além disso, tínhamos nossos pais humanos para nos disciplinar, e nós os respeitávamos. Logo, não nos sujeitaremos muito mais ao Pai dos espíritos, e assim viveremos? Pois eles nos disciplinaram durante pouco tempo, como bem lhes parecia, mas Deus nos disciplina para o nosso bem, para sermos participantes da sua santidade. Nenhuma disciplina parece no momento motivo de alegria, mas de tristeza. Depois, porém, produz um fruto pacífico de justiça nos que por ela têm sido exercitados.

Devocional

O melhor meio para compreender a dinâmica do sofrimento é examinar a obra clássica de São João da Cruz intitulada *A noite escura da alma*, escrita há mais de cinco séculos. Ele descreve a jornada em três fases: inicial, adiantada e perfeita. Para sair do estágio inicial, ele argumenta, requer-se receber o dom divino da noite escura, ou da muralha. Essa é a maneira comum de crescermos em Cristo.

A muralha é o modo de Deus reprogramar e "purificar nossos afetos e paixões" para que possamos nos deleitar em seu amor e entrar numa comunhão mais rica e plena com ele. Ele age para nos libertar dos apegos e idolatrias insalubres e mundanos. Deus quer nos passar sua verdadeira doçura e amor. Seu desejo é que possamos conhecer sua verdadeira paz e seu verdadeiro descanso.

Por essa razão, João da Cruz escreveu que Deus nos manda "a noite escura do fogo carinhoso" para nos libertar de imperfeições mortais como orgulho (tendência a condenar outros e impaciência com suas falhas), cobiça (descontentamento), luxúria (mais prazer nas bênçãos espirituais de Deus que no próprio Deus), ira (irritação ou impaciência fáceis), glutonaria espiritual (resistência à cruz), inveja espiritual (comparação constante com outros) e preguiça (fuga do que é difícil).[4]

Pergunta a ser considerada

Quais são alguns embaraços prejudiciais ou ídolos que Deus quer remover de sua vida para levá-lo a uma comunhão mais profunda e mais rica com ele?

Oração

Senhor, eu o convido neste dia a tirar de mim todo apego ou idolatria insalubre. Tu prometeste no Salmo 32 a ensinar-me o caminho a tomar. Ajuda-me a não ser teimoso como a mula, mas cooperativo quando procuras me conduzir à liberdade. Leva-me a um lugar de comunhão contigo onde se encontra a verdadeira paz e descanso. Em nome de Jesus, amém.

Encerre com silêncio (2 minutos).

Dia 2: Ofício divino do meio-dia/noite
Silêncio, quietude e concentração perante Deus (2 minutos)

Leitura bíblica: Gênesis 22:9-12

Tendo eles chegado ao lugar que Deus havia mostrado a Abraão, este edificou o altar e arrumou a lenha; depois amarrou seu filho Isaque e o colocou em cima do altar, sobre a lenha. E, estendendo a mão, pegou a faca para imolar o filho. Mas o anjo do SENHOR bradou desde o céu: Abraão, Abraão! Ele respondeu: Estou aqui. Então o anjo disse: Não estendas a mão contra o moço, não lhe faças nada, pois agora sei que temes a Deus, visto que não me negaste teu filho, teu único filho.

Devocional

Encontramos uma muralha quando uma crise vira o nosso mundo de cabeça para baixo. Essas muralhas não são eventos únicos pelos quais passamos e vamos além. São problemas aos quais retornamos como parte do nosso contínuo relacionamento com Deus.

Vemos isto em Abraão, esperando na muralha da infertilidade durante 25 anos pelo nascimento de seu primeiro filho com Sara, sua esposa. De dez a quinze anos depois, Deus o levou para outra muralha — a separação de Ismael, seu filho mais velho (concebido com Hagar, a serva de Sara). Abraão encontrou uma terceira muralha alguns anos depois, quando Deus lhe ordenou que sacrificasse no altar seu tão esperado e amado filho Isaque.

Abraão parece ter passado pela muralha várias vezes em sua jornada com Deus. Por quê? Thomas Merton explica: "Sem intenção e sem perceber, nós retrocedemos para imperfeições. Maus hábitos são como raízes vivas que retornam. Essas raízes precisam ser escavadas e tiradas do jardim de nossa alma [...]. Isto requer a intervenção direta de Deus".[5]

Pergunta a ser considerada
Sua identidade tem sido arraigada em coisas ou pessoas das quais Deus pode querer arrancar você, para que sua identidade possa ser replantada nele. Você conseguiria dizer quais são?

Oração
> *Aba Pai, abro meus punhos cerrados para entregar-te tudo o que me deste. Restabelece minha identidade em ti — não em minha família, meu trabalho, minhas realizações, ou no que outras pessoas pensam de mim. Tira de mim as coisas que não estejam conforme a tua vontade. Pela fé uno a minha vontade à tua para que a semelhança de Jesus Cristo possa ser formada em mim. Em seu nome, amém.*

Encerre com silêncio (2 minutos).

Dia 3: Ofício divino da manhã/meio-dia
Silêncio, quietude e concentração perante Deus (2 minutos)

Leitura bíblica: Romanos 11:33-36
> *Ó profundidade da riqueza, da sabedoria e do conhecimento de Deus! Quão insondáveis são os seus juízos, e quão inescrutáveis, os seus caminhos! Pois, quem conheceu a mente do Senhor? Quem se tornou seu conselheiro? Quem primeiro lhe deu alguma coisa, para que lhe seja recompensado? Porque todas as coisas são dele, por ele e para ele. A ele seja a glória eternamente! Amém.*

Devocional
Nossa experiência na muralha pode ser proveitosa por proporcionar maior apreço por aquilo que chamo de "santo desconhecimento", ou mistério. Isso expande nossa capacidade de esperar em Deus quando tudo dentro de nós está dizendo: "Faça alguma coisa!"

Há uma antiga história sobre um sábio que vivia numa das vastas fronteiras da China. Certo dia, sem nenhuma razão aparente, a égua de um jovem fugiu e foi levada por nômades através da fronteira. Todos tentaram oferecer consolo pela má sorte do homem, mas seu pai, um homem sábio, questionou:

— O que faz você ter tanta certeza de que isso não é uma bênção?

Meses depois, sua égua retornou, trazendo consigo um magnífico garanhão. Dessa vez todos se congratularam pela boa sorte do filho. Mas seu pai objetou:

— O que faz você pensar que isso não é uma catástrofe?

A vida doméstica ficou mais rica por causa daquele lindo cavalo que o filho gostava de cavalgar. Mas certo dia ele caiu do cavalo e quebrou o quadril. Novamente, todos ofereceram consolo por sua má sorte, mas dessa vez o pai perguntou:

— O que faz você ter tanta certeza de que isto não é uma bênção?

Um ano depois nômades atravessaram a fronteira, e todos os homens fisicamente aptos foram requisitados para empunhar o arco e ir para a batalha. As famílias chinesas que viviam na fronteira perderam nove em cada dez homens. Somente porque o rapaz mancava, pai e filho sobreviveram para cuidar um do outro.

Com frequência, o que parece ser sucesso ou bênção é de fato uma coisa terrível; e o que parece ser um acontecimento terrível muitas vezes acaba se tornando uma preciosa bênção.[6]

Pergunta a ser considerada
Você já passou por uma experiência terrível que (com o tempo) veio a ser uma preciosa bênção?

Oração
Perdoa-me, Pai, por tratar-te às vezes como se fosses meu assistente pessoal ou secretário. Teus caminhos são

inescrutáveis e além do entendimento.
Ajuda-me a pôr minha confiança em ti e não em minhas circunstâncias. Em tua presença, permaneço em silêncio. Em nome de Jesus, amém.

Encerre com silêncio (2 minutos).

Dia 3: Ofício divino do meio-dia/noite
Silêncio, quietude e concentração perante Deus (2 minutos)

Leitura bíblica: Jó 42:1-6

Então Jó respondeu ao SENHOR: Bem sei que tudo podes e que nenhum dos teus planos pode ser impedido. Quem é este que sem conhecimento obscurece o conselho? De fato falei do que não entendia, coisas que me eram maravilhosas demais e eu não compreendia. Ouve-me, e eu falarei; eu te perguntarei, e tu me responderás. Com os ouvidos eu tinha ouvido falar a teu respeito; mas agora os meus olhos te veem. Por isso me desprezo e me arrependo no pó e na cinza.

Devocional

Jó foi fiel e irrepreensível, um homem íntegro. Todavia ele vivenciou a cataclísmica perda de sua família, riqueza e saúde e viu-se na muralha como poucos em toda a Escritura. Desse lugar de profunda luta com sua fé e com Deus, ele teve a experiência do amor e da graça de Deus. Foi transformado.

> Agora, acredite ou não, somos ameaçados por um Deus livre, que tira toda a nossa capacidade de controlar ou manipular o processo. Isso nos deixa impotentes e muda toda linguagem de desempenho ou realização para a da rendição, confiança e vulnerabilidade [...]. Este é o chamado "deserto" de Deus. Não podemos controlar Deus por nenhum meio que seja, nem sequer por nosso bom comportamento, que tende a ser nosso primeiro e natural instinto [...]. A total e absoluta liberdade de

Deus é felizmente usada totalmente em nosso favor, embora nós ainda tenhamos medo dela. Ela é chamada providência, perdão, livre escolha ou misericórdia [...]. Mas para nós parece deserto — exatamente porque não podemos controlá-la, manipulá-la, dirigi-la, ganhá-la ou perdê-la. Qualquer pessoa que queira controlar Deus por suas ações sentir-se-á muito inútil, impotente e ineficiente.

— Richard Rohr[7]

Pergunta a ser considerada

Que palavras ou frases da citação de Richard Rohr mais falam a você? Por quê?

Oração

Pai, quando leio mesmo parte da história de Jó, também fico oprimido por teu "deserto". Teus caminhos e tempos estão acima de mim. Jó ouvia falar de ti, mas mudou e passou a "ver". Dirige-me, Senhor, numa trilha para que eu também possa orar como Jó orou: "Com os ouvidos eu tinha ouvido falar a teu respeito; mas agora os meus olhos te veem". Em nome de Jesus, amém.

Encerre com silêncio (2 minutos).

Dia 4: Ofício divino da manhã/meio-dia

Silêncio, quietude e concentração perante Deus (2 minutos)

Leitura bíblica: Salmo 69:1-3, 15-16

Ó Deus, salva-me, pois as águas sobem até o meu pescoço. Atolei-me em lamaçal profundo, onde não se pode firmar o pé; entrei nas profundezas das águas, onde a corrente me submerge. Estou cansado de clamar; minha garganta secou-se; meus olhos desfalecem de tanto esperar pelo meu Deus [...]. Não permitas que a corrente das águas me faça submergir, nem que o abismo me devore, nem que a cova me engula. Ouve-me,

Senhor, pois o teu amor é grande; volta-te para mim pela tua imensa compaixão.

Devocional

A Bíblia apresenta Davi como um homem segundo o coração de Deus, mas o texto anterior nos mostra que o mundo emocional de Davi era muito humano e débil. Ele desnuda a alma nesses versos comoventes, enquanto se volta para Deus em oração. Embora sempre lute com suas circunstâncias, Davi afirma que Deus é bom e que o seu amor dura para sempre. Davi sabe que os caminhos de Deus são mais altos e mais profundos do que os nossos (Isaías 55:9,10).

Em *Paraíso perdido*, John Milton compara o mal na história a uma quantidade de material de compostagem — uma mistura de substâncias em decomposição, como excremento animal, casca de tomate, casca de ovo, folhas mortas e casca de banana. Se isso for coberto com barro, depois de algum tempo o cheiro é muito bom. O solo torna-se um fertilizante rico, natural e totalmente adequado para o cultivo de frutas e legumes — mas é preciso estar disposto a esperar; em alguns casos, por anos.

O argumento de Milton é que os piores eventos da história humana — os que não podemos compreender, inclusive o próprio inferno — são gerados no plano eterno de Deus. Do maior mal, a morte de Jesus, veio o maior bem.

O fato de Deus existir não ameniza o horror do infortúnio no mundo; no entanto, podemos descansar nele, colocando nossa esperança num Deus que é tão grande e soberano que, no final das contas, transforma todo o mal em bem.[8]

Podemos confiar em Deus na muralha.

Pergunta a ser considerada

Você percebe que Deus o convida a esperar nele hoje? Descreva sua percepção.

Oração

Senhor, enche-me com a simples confiança de que, mesmo do mais terrível mal ao meu redor, tu podes produzir grande bem — para mim, para os outros e para tua grande glória. Em nome de Jesus, amém.

Encerre com silêncio (2 minutos).

Dia 4: Ofício divino do meio-dia/noite

Silêncio, quietude e concentração perante Deus (2 minutos)

Leitura bíblica: João 21:17-19

E pela terceira vez lhe perguntou: Simão, filho de João, tu me amas? Pedro entristeceu-se por lhe ter perguntado pela terceira vez: Tu me amas? E respondeu-lhe: Senhor, tu sabes todas as coisas e sabes que te amo. Jesus lhe disse: Cuida das minhas ovelhas. Em verdade, em verdade te digo que, quando eras mais moço, te vestias a ti mesmo e andavas por onde querias. Mas, quando fores velho, estenderás as mãos e outro te vestirá e te levará para onde não queres ir. Com isso ele se referiu ao tipo de morte com que Pedro glorificaria a Deus. E, havendo dito essas coisas, ordenou-lhe: Segue-me.

Devocional

Jesus tinha esta visão diferente de maturidade: é a capacidade e a disposição de ser levado para onde você preferiria não ir. Imediatamente depois de comissionar Pedro para ser um líder de suas ovelhas, Jesus confronta o discípulo com a dura verdade de que o servo-líder é o líder que está sendo levado para lugares desconhecidos, indesejáveis e dolorosos. Sobre isso, bem afirma Henri Nouwen:

> O caminho do líder cristão não é o caminho de mobilidade ascendente em que nosso mundo tem investido muito,

mas a forma de mobilidade descendente que termina na cruz [...]. Impotência e humildade na vida espiritual não quer dizer que a pessoa não tenha opinião firme e deixa que qualquer um tome decisão por ela. Refere-se a pessoas que são profundamente apaixonadas por Jesus de tal forma que estão prontas a segui-lo para onde ele as guiar, sempre confiando que, com ele, encontrarão vida e a encontrarão em abundância.[9]

Pergunta a ser considerada

Com suas próprias palavras, fale a Deus sobre sua disposição em ir aonde ele o conduzir. Que alegrias e/ou medos acompanham sua disposição?

Oração

Pai, a ti reconheço que não quero ir pelo caminho da impotência e da humildade. Assim como Pedro, quero saber o que estás fazendo com aqueles ao meu redor.
Eu te amo. Ajuda-me a confiar em ti neste dia, amanhã e em toda a minha vida. Em nome de Jesus, amém.

Encerre com silêncio (2 minutos).

Dia 5: Ofício divino da manhã/meio-dia

Silêncio, quietude e concentração perante Deus (2 minutos)

Leitura bíblica: Tiago 1:2-5

Meus irmãos, considerai motivo de grande alegria o fato de passardes por várias provações, sabendo que a prova da vossa fé produz perseverança; e a perseverança deve ter ação perfeita, para que sejais aperfeiçoados e completos, sem vos faltar coisa alguma. Se algum de vós tem falta de sabedoria, peça a Deus, que a concede livremente a todos sem criticar, e lhe será dada.

Devocional

Se não houvesse tempestades ou nuvens em nossa vida, não teríamos fé. *O SENHOR tem o seu caminho no vendaval e na tempestade, e as nuvens são a poeira dos seus pés* (Naum 1:3b). Nuvens são sinais de que Deus está presente. Que revelação saber que a tristeza, o luto e o sofrimento são na verdade as nuvens que vêm junto com Deus!

> Não é verdade dizer que Deus quer nos ensinar algo em nossas provações. Por meio de cada nuvem que ele coloca em nosso caminho, ele quer que desaprendamos alguma coisa. Seu propósito em usar a nuvem é simplificar nossas crenças até que o nosso relacionamento com ele seja exatamente o de uma criança — um relacionamento simplesmente entre Deus e nossa própria alma, e onde as outras pessoas não passem de sombras. Até que outras pessoas se tornem sombras para nós, nuvens e trevas serão nossas de vez em quando. O nosso relacionamento com Deus está se tornando mais simples do que tem sido? [...] Até que cheguemos face a face com o fato mais fundo e tenebroso da vida sem prejudicarmos nossa visão do caráter de Deus, nós ainda não o conhecemos.
> — Oswald Chambers[10]

Pergunta a ser considerada

Na sua visão, o que Deus quer que você desaprenda hoje?

Oração

Pai, confesso que, quando vêm dificuldades e provações em minha vida, grandes ou pequenas, eu murmuro e reclamo. Tenho consciência de que as provações das quais Tiago fala não são necessariamente "muralhas", mas são difíceis de suportar mesmo assim. Enche-me com a visão de uma vida transformada, ó Deus, para que eu de fato possa considerá-la "pura alegria" quando

mandares provações ao meu caminho. Eu creio, Senhor.
Ajuda na minha falta de fé. Em nome de Jesus, amém.

Encerre com silêncio (2 minutos).

Dia 5: Ofício divino do meio-dia/noite
Silêncio, quietude e concentração perante Deus (2 minutos)

Leitura bíblica: Mateus 26:50b-53

Jesus, porém, lhe disse: Amigo, para que vieste? Nisso, eles se aproximaram, agarraram Jesus e o prenderam. Então um dos que estavam com Jesus, estendendo a mão, puxou da espada e feriu o servo do sumo sacerdote, cortando-lhe uma das orelhas. Mas Jesus lhe disse: Guarda a tua espada; porque todos os que lançarem mão da espada, à espada morrerão. Ou pensas que eu não poderia rogar a meu Pai, e ele me enviaria agora mesmo mais de doze legiões de anjos?

Devocional

Às vezes, a muralha é a forma de Deus dizer não. O evangelho de João diz que foi o apóstolo Pedro que sacou da espada para defender Jesus pela força. Pedro achou muito difícil aceitar o não de Jesus ao seu plano de um futuro sem crucificação. Em contraste, observamos Davi aceitando o não de Deus ao seu desejo de construir o templo (2Samuel 7). Vemos também Jesus submetendo-se ao não de seu Pai — para que o cálice da cruz lhe fosse tirado (Mateus 26:37-44).

Você pode querer usar a oração a seguir de um soldado confederado desconhecido para ajudá-lo a aceitar a resposta de Deus quando ele diz sim ou não em sua jornada com ele:

Pedi forças a Deus para que pudesse conseguir;
tornei-me fraco para poder obedecer.
Pedi saúde para que pudesse fazer grandes coisas;

foi-me dada enfermidade para que pudesse fazer coisas melhores.
Pedi riquezas para que pudesse ser feliz;
foi-me dada pobreza para que pudesse ser sábio.
Pedi poder quando era jovem para que pudesse ter o louvor dos homens;
foi-me dada fraqueza para que pudesse sentir a necessidade de Deus.
Pedi todas as coisas para que pudesse desfrutar a vida;
foi-me dada vida para que pudesse desfrutar tudo.
Apesar de mim mesmo, minhas orações não faladas foram respondidas.
Eu sou, de todas as pessoas, a mais ricamente abençoada.

Pergunta a ser considerada
Quais palavras da oração acima mais lhe falam? Por quê?

Oração
Senhor, eu me identifico com a natureza teimosa de Pedro e com sua luta para compreender o que estás me dizendo. É difícil compreender como estás governando o universo e o meu lugar nele. Transforma minha vontade obstinada, ó Senhor. Ensina-me a esperar em ti.
Ajuda-me a confiar em ti. Em nome de Jesus, amém.

Encerre com silêncio (2 minutos).

Notas

[1] HARTER, S.J., Michael (org.). *Hearts on fire: praying with jesuits* [Corações em fogo: orando com os jesuítas]. Chicago: Loyola Press, 1993, 2005, p. 102, 103.

[2] KOLODIEJCHUCK, M.C., Brian (org.). *Mother Teresa: come be my light: the private writings of the saint of Calcutta* [Madre Teresa: Vem, sê minha luz: escritos particulares da santa de Calcutá]. New York: Doubleday, 2007, p. 187, 211, 225.

[3] Ibidem, p. 215.

[4] Scazzero, Peter. *Espiritualidade emocionalmente saudável*, p. 153.

[5] MERTON, Thomas. *The ascent of truth* [Ascensão da verdade]. New York: Harcourt Brace and Co., 1951, p. 188, 189.

[6] MULLER, Wayne *Sabbath: finding Rest, renewal, and delight in our busy lives* [Sábado: Encontrando descanso, renovo e alegria em nossas vidas ocupadas]. New York: Bantam, 1999, p. 187, 188.

[7] ROHR, Richard; MARTOS, Joseph. *From wild man to wise man: reflections on male spirituality* [Do homem selvagem ao homem sábio: reflexões sobre espiritualidade masculina]. Cincinnati: St. Anthony Messenger Press, 1990, 1996, 2005, p. 2.

[8] SCAZZERO, Peter. *A igreja emocionalmente saudável*. São Paulo: Hagnos, 2016.

[9] NOUWEN, Henri. *In the name of Jesus: reflections on christian leadership* [Em nome de Jesus: reflexões sobre liderança cristã]. New York: Crossroads Publishing, 1991, p. 62-64.

[10] CHAMBERS, Oswald. *My utmost for his highest* [O meu máximo para sua máxima altura], org. James reimann. Grand Rapids: RBC Ministries, 1935, 1992, devoção para 29 de julho.

5

AMPLIE SUA ALMA ATRAVÉS DO SOFRIMENTO E DA PERDA

Ofícios divinos
Quinta semana

Dia 1: Ofício divino da manhã/meio-dia

Silêncio, quietude e concentração perante Deus (2 minutos)

Leitura bíblica: Mateus 26:36-39

> *Então Jesus foi com os discípulos a um lugar chamado Getsêmani e disse-lhes: Sentai-vos aqui, enquanto vou ali orar. E levando consigo Pedro e os dois filhos de Zebedeu, começou a entristecer-se e a angustiar-se. Então ele lhes disse: A minha alma está tão triste que estou a ponto de morrer; ficai aqui e vigiai comigo. E, adiantando-se um pouco, prostrou-se com o rosto em terra e orou: Meu Pai, se possível, afasta de mim este cálice; todavia, não seja como eu quero, mas como tu queres.*

Devocional

No Jardim do Getsêmani, vemos Jesus agitado e profundamente triste — a ponto de morrer. Nós o vemos com o rosto em terra e orando três vezes. Vemos também o Pai dizer não ao pedido de Jesus para que o cálice fosse tirado dele.

Queremos seguir Jesus na vida abundante da ressurreição, mas não estamos nem um pouco entusiasmados em segui-lo no jardim do Getsêmani.

Lament for a son [Lamento por um filho], de Nicholas Wolterstorff, é um registro das reflexões e das lutas do autor depois da morte de seu filho Eric, de 25 anos de idade, num acidente ao escalar uma montanha austríaca. Wolterstorff não tem nenhuma explicação ou resposta para a permissão de Deus a tal tragédia. Quem tem? A certa altura, entretanto, ele se depara com uma profunda percepção:

> Através do prisma de minhas lágrimas, vi um Deus sofredor. A respeito de Deus, diz-se que ninguém pode contemplar sua face e viver. Sempre pensei que isso significava que ninguém pode ver seu esplendor e viver. Um amigo disse que talvez isso

signifique que ninguém pode ver seu sofrimento e viver. Ou talvez seu sofrimento seja esplendor.[1]

Pergunta a ser considerada
O que significa para você orar: "Todavia, não seja como eu quero, mas como tu queres"?

Oração
Senhor, tudo em mim resiste seguir-te ao jardim do Getsêmani para cair com o rosto em terra perante ti. Concede-me a coragem de seguir-te até a cruz, não importa o que aconteça à minha vida. E então, pela tua graça, conduze-me à vida de ressurreição e poder. Em nome de Jesus, amém.

Encerre com silêncio (2 minutos).

Dia 1: Ofício divino do meio-dia/noite
Silêncio, quietude e concentração perante Deus (2 minutos)

Leitura bíblica: Jó 2:7-10

Satanás saiu da presença do SENHOR e feriu Jó com feridas malignas, da sola dos pés até o alto da cabeça. Sentando-se em cinzas, Jó pegou um caco para se raspar. Então sua mulher lhe disse: Tu ainda te manténs íntegro? Amaldiçoa a Deus e morre. Mas ele lhe disse: Tu falas como uma louca. Por acaso receberemos de Deus apenas o bem e não também a desgraça? Em tudo isso Jó não pecou com os lábios.

Devocional
Jonathan Edwards, num famoso sermão sobre o livro de Jó, observou que a história de Jó é a história de todos nós. Jó perdeu tudo num dia: sua família, sua riqueza e sua saúde. Muitos de nós temos a experiência de nossas perdas mais lentamente

— no período de uma vida toda — até nos encontrarmos à porta da morte, deixando tudo para trás.[2]

> A perda catastrófica impede a recuperação. Ela nos transforma ou nos destrói, mas nunca nos deixa iguais. Não há volta para o passado [...].
>
> Não é verdade, portanto, que nos tornamos menos através da perda — a menos que permitamos que a perda nos faça menos, triturando nossa alma até não restar nada [...]. A perda pode também fazer mais [...].
>
> Eu não superei a perda dos meus entes queridos; em vez disso, absorvi a perda em minha vida, até ela se tornar parte de quem eu sou. A tristeza fixou residência permanente em minha alma e a aumentou [...].
>
> Aprende-se com a tristeza dos outros sofrendo-se a própria dor, ao voltar-se para dentro de si mesmo, encontrando-se a própria alma [...].
>
> Embora doloroso, o sofrimento é bom para a alma [...].
>
> A alma é elástica, como um balão. Ela pode ficar maior por meio do sofrimento.
>
> — Jerry Sittser[3]

Pergunta a ser considerada
Como você pode ver Deus aumentando sua alma por meio de suas perdas?

Oração
Pai, quando penso em minhas perdas, sinto-me como se não tivesse pele para me proteger. Eu me sinto despreparado, raspado até os ossos. Olhar para Jó e Jesus ajuda, mas devo admitir que luto para ver algo novo nascendo do velho. Aumenta a minha alma pelas provações e perdas de minha vida. Em nome de Jesus, amém.

Encerre com silêncio (2 minutos).

Dia 2: Ofício divino da manhã/meio-dia

Silêncio, quietude e concentração perante Deus (2 minutos)

Leitura bíblica: 2Coríntios 4:7-11

Temos, porém, esse tesouro em vasos de barro, para que o poder extraordinário seja de Deus e não nosso. Sofremos pressões de todos os lados, mas não estamos arrasados; ficamos perplexos, mas não desesperados; somos perseguidos, mas não desamparados; abatidos, mas não destruídos; trazendo sempre no corpo o morrer de Jesus, para que também a sua vida se manifeste em nosso corpo. Pois nós, que vivemos, somos sempre entregues à morte por causa de Jesus, para que também a vida de Jesus se manifeste em nosso corpo mortal.

Devocional

Joni Eareckson Tada está paralisada do pescoço para baixo há mais de trinta anos. Como resultado, ela experimentou tanto a morte como a vida de Jesus. Ela afirma:

> A cruz é o centro do nosso relacionamento com Jesus. A cruz é onde nós morremos. Vamos até ela diariamente. Não é fácil.
>
> Normalmente seguimos Cristo a qualquer lugar — a uma festa, por assim dizer, onde ele transforma água em vinho, a uma praia ensolarada onde ele prega de um barco. Mas à cruz? Nós fincamos o pé. É um convite individual muito assustador. Não é um convite para se ir sozinho.
>
> O sofrimento nos reduz a nada e, como observa Søren Kirkegaard, "Deus criou tudo do nada. E tudo o que Deus vai usar, ele reduz a nada". Ser reduzido a nada é ser arrastado ao pé da cruz. É uma misericórdia severa.
>
> Quando o sofrimento nos força a dobrar nossos joelhos ao pé do Calvário, morremos para o ego. Não podemos nos ajoelhar ali durante muito tempo sem nos libertar do nosso orgulho e raiva,

desprendendo-nos de nossos sonhos e desejos... Em troca, Deus concede poder e implanta nova e duradoura esperança.[4]

Pergunta a ser considerada
Como Deus está fazendo você ajoelhar-se perante ele por meio de dificuldades e contratempos em sua vida?

Oração
Senhor, tudo em mim me impede de ir para o pé da cruz, onde arrancarás de mim tudo o que não é teu. Ajuda-me a não temer a "morte", que, para mim, significará ser transformado numa pessoa livre que te ama, bem como aos outros. Tem misericórdia de mim, ó Senhor. Em nome de Jesus, amém.

Encerre com silêncio (2 minutos).

Dia 2: Ofício divino do meio-dia/noite
Silêncio, quietude e concentração perante Deus (2 minutos)

Leitura bíblica: Salmo 22:1-5
Deus meu, Deus meu, por que me desamparaste? Por que estás longe de dar-me livramento, longe das palavras do meu clamor? Meu Deus, eu clamo de dia, mas tu não me ouves; também de noite, mas não encontro sossego. Contudo, tu és santo, entronizado sobre os louvores de Israel. Nossos pais confiaram em ti; confiaram, e tu os livraste. Clamaram a ti e foram salvos; confiaram em ti e não se decepcionaram.

Devocional
Na década de 1870, Horatio Spafford era um bem-sucedido advogado em Chicago e amigo íntimo do evangelista Dwight L. Moody. Spafford havia investido pesado em imóveis, mas o incêndio de 1871 dizimou seus bens. Seu filho havia morrido um pouco antes do desastre. Spafford e sua família precisavam

desesperadamente de um descanso, por isso em 1873 ele planejou uma viagem à Europa com a esposa, Anna, e suas quatro filhas. Mas, um pouco antes da viagem, um negócio de última hora forçou Horatio a voltar ao trabalho. Sem querer estragar as férias da família, Spafford persuadiu sua família a ir como planejado, com a intenção de encontrá-las mais tarde.

Decidido isso, Spafford voltou para Chicago, e Anna com as quatro filhas navegaram para a Europa. Infelizmente, o navio onde elas estavam colidiu com uma embarcação inglesa e naufragou em apenas doze minutos. O acidente matou 226 pessoas. Anna Spafford permaneceu corajosamente no convés com suas quatro filhas (Annie, Maggie, Bessie e Tanetta) desesperadamente agarradas a ela. Sua última lembrança do desastre foi a de sua filha sendo violentamente arrancada de seus braços pela força das águas. Somente nove dias depois, Spafford recebeu um telegrama de sua esposa em Gales com a notícia: "Salva sozinha". Quando Spafford fez a travessia do oceano para encontrar-se com sua esposa enlutada, passou perto do lugar onde suas quatro filhas haviam sido levadas para a profundeza do oceano. Ali, em meio ao seu sofrimento, ele escreveu *It is well with my soul* [Minha alma está bem]. As palavras do hino de Stafford têm trazido conforto a muitos aflitos:[5]

> Se paz, a mais doce, me deres gozar,
> Se dor, a mais forte, sofrer,
> Oh! Seja o que for, tu me fazes saber
> Que feliz com Jesus sempre sou!
>
> Sou feliz com Jesus,
> Sou feliz com Jesus, meu Senhor!
>
> Embora me assalte o cruel tentador
> E ataque com vis tentações,
> Oh! Certo estou, apesar de aflições,
> Que feliz eu serei com Jesus!

Sou feliz com Jesus,
Sou feliz com Jesus, meu Senhor!

Meu triste pecado, por meu Salvador,
Foi pago de um modo cabal;
Valeu-me o Senhor, oh! mercê sem igual!
Sou feliz! Graças dou a Jesus!

Sou feliz com Jesus,
Sou feliz com Jesus, meu Senhor!

A vinda eu anseio do meu Salvador;
Em breve virá me levar
Ao céu, onde vou para sempre morar
Com remidos na luz do Senhor!

Sou feliz com Jesus,
Sou feliz com Jesus, meu Senhor![6]

Pergunta a ser considerada

O que sobre Spafford e seu relacionamento com Cristo mais emociona você?

Oração

Pai, nada mais posso fazer do que me ajoelhar diante de perda e sofrimento tão inimagináveis. Eu me uno a Spafford e oro a ti: "Seja o que for, tu me fazes saber que feliz com Jesus sempre sou!". Em nome do teu Filho, amém.

Encerre com silêncio (2 minutos).

Dia 3: Ofício divino da manhã/meio-dia

Silêncio, quietude e concentração perante Deus (2 minutos)

Leitura bíblica: Eclesiastes 3:1-8

Tudo tem uma ocasião certa, e há um tempo certo para todo propósito debaixo do céu. Tempo de nascer e tempo de morrer;

tempo de plantar e tempo de arrancar o que se plantou; tempo de matar e tempo de curar; tempo de derrubar e tempo de edificar; tempo de chorar e tempo de rir; tempo de prantear e tempo de dançar; tempo de espalhar pedras e tempo de ajuntar pedras; tempo de abraçar e tempo de deixar de abraçar; tempo de buscar e tempo de perder; tempo de guardar e tempo de jogar fora; tempo de rasgar e tempo de costurar; tempo de ficar calado e tempo de falar; tempo de amar e tempo de odiar; tempo de guerra e tempo de paz.

Devocional

Nós não controlamos as estações; elas acontecem para nós. Inverno, primavera, verão e outono nos vêm, queiramos ou não. Seu ritmo nos ensina a respeito de nossa vida espiritual e dos caminhos de Deus. Pense na seguinte descrição do paradoxo da morte e do renascimento, tanto na natureza quanto em nossa vida:

> O outono é uma estação de grande beleza, mas é apenas uma estação de declínio: os dias ficam mais curtos, a luz é impregnada e a abundância do verão declina na direção da morte do inverno [...]. Em minha própria experiência de outono, raramente me dou conta de que as sementes estão sendo plantadas [...]. Mas, ao explorar o paradoxo do outono de morrer e semear, sinto o poder da metáfora. Nos eventos outonais de minha própria experiência, facilmente me fixo nas aparências superficiais — no declínio do significado, na decadência de relacionamentos, na morte de um trabalho. Todavia, se eu olhar mais profundamente, posso ver a miríade de possibilidades sendo plantadas para produzir frutos em alguma estação futura.
>
> Em retrospecto, posso ver em minha própria vida o que eu não poderia ver na época — como o emprego que perdi me ajudou a encontrar o trabalho que preciso fazer, como o sinal

de "estrada fechada" me voltou na direção de um terreno pelo qual eu precisava viajar, como as perdas que pareciam irremediáveis me forçaram a discernir significados que eu precisava conhecer. Superficialmente parecia que a vida estava diminuindo, mas silenciosa e ricamente as sementes de nova vida estavam sendo sempre semeadas.

— Parker Palmer[7]

Pergunta a ser considerada
Que sinal de "estrada fechada" está diante de você hoje e que pode ser a forma de Deus redirecioná-lo a algo novo?

Oração
Senhor, concede-me sabedoria e prudência para ver o quadro maior, esperar e discernir as estações em minha vida contigo. Perdoa-me por combater as "mortes" que mandas em minha vida para plantar algo novo. Em nome de Jesus, amém.

Encerre com silêncio (2 minutos).

Dia 3: Ofício divino do meio-dia/noite
Silêncio, quietude e concentração perante Deus (2 minutos)

Leitura bíblica: João 3:26-30
E foram até João e disseram-lhe: Rabi, aquele que estava contigo do outro lado do Jordão, do qual tens dado testemunho, está batizando, e todos estão se dirigindo a ele. João respondeu: Ninguém pode receber coisa alguma, se não lhe for dada do céu. Vós mesmos sois testemunhas de que eu disse: Não sou o Cristo, mas sou enviado adiante dele. A noiva pertence ao noivo; mas o amigo do noivo, que está presente e o ouve, alegra-se muito com a voz do noivo. Assim se completa esta minha alegria. É necessário que ele cresça e eu diminua.

Devocional

A experiência da perda nos faz enfrentar nossa humanidade e nossos limites. Rapidamente nos damos conta de que não estamos no controle de nossa vida; Deus está. Nós somos simplesmente criaturas, não o criador.

Pense no exemplo de João Batista. Multidões que anteriormente seguiam João para serem batizadas mudaram sua fidelidade assim que Jesus começou seu ministério. Eles começaram a deixar João Batista para seguir Jesus. Alguns seguidores de João ficaram tristes com essa dramática virada dos acontecimentos e se queixaram: *Todos estão se dirigindo a ele* (João 3:26).

João compreendia os limites e respondeu: *Ninguém pode receber coisa alguma, se não lhe for dada do céu* (João 3:27). Ele era capaz de aceitar seus limites, sua humanidade e sua popularidade declinante e dizer: *É necessário que ele cresça e eu diminua* (João 3:30).

Sair de nossos tronos e unir-nos ao restante da humanidade é uma necessidade se tivermos de desenvolver maturidade espiritual. Não somos o centro do universo. O universo não gira em torno de nós.

Todavia uma parte de nós odeia limites. Nós não os aceitamos. Esta é uma das principais razões que biblicamente agravam nossas perdas por serem uma parte tão indispensável da maturidade espiritual.

Aceitar nossos limites nos humilha como poucas coisas.[8]

Pergunta a ser considerada

Cite um ou dois limites que Deus colocou recentemente em sua vida como uma bênção.

Oração

Senhor, perdoa-me pela arrogância que vê interrupções aos meus planos como invasões alienígenas. Perdoa-me por tentar constantemente fazer mais do que pretendes em minha vida. Ajuda-me a ser como João Batista, aceitando minhas perdas e respeitando meus limites. Em nome de Jesus, amém.

Encerre com silêncio (2 minutos).

Dia 4: Ofício divino da manhã/meio-dia
Silêncio, quietude e concentração perante Deus (2 minutos)

Leitura bíblica: 2Samuel 1:17-20, 24-25

Davi demonstrou sua dor pela morte de Saul e seu filho Jônatas, com esta lamentação, ordenando que fosse ensinada ao povo de Judá; lamentação do Arco, que foi registrada no livro de Jasar: Tua glória, ó Israel, foi morta sobre tuas colinas! Como caíram os valentes! Não contes isso em Gate, nem o proclames nas ruas de Asquelom, para que não se alegrem as filhas dos filisteus, para que não exultem as filhas dos incircuncisos [...]. Vós, filhas de Israel, chorai por Saul, que vos vestia de rica escarlata, que punha adornos de ouro sobre vossos vestidos. Como caíram os guerreiros no meio da batalha! Jônatas foi morto nas tuas colinas.

Devocional

Davi não apenas entoou esta lamentação, mas ordenou também que as pessoas a aprendessem, a memorizassem e se tornasse um hábito cantá-la.

Sofrimento é a pior coisa. Ser odiado não é o pior. Estar separado da pessoa a quem você ama não é o pior. A morte não é o pior. A pior coisa é não conseguir lidar com a realidade e se tornar desconectado do que é real. A pior coisa é banalizar o honroso, profanar o sagrado. O que eu faço com minha dor afeta a forma de lidar com o sofrimento; juntos nós formamos uma comunidade que lida com a morte e outras perdas no contexto da soberania de Deus, que é expressa finalmente na ressurreição [...].

Não nos tornamos seres humanos maduros por termos sorte ou contornarmos a perda com sorte ou com habilidade, e certamente não pela evasão e distração. Aprenda a lamentar. Aprenda essa lamentação. Nós somos mortais, afinal. Nós e todos ao redor estamos programados para morrer. Acostume-se a isso. Tome a sua cruz. Ela nos prepara a nós e aos que estão ao nosso redor para a ressurreição.

— Eugene Peterson[9]

Pergunta a ser considerada

O que pode significar para você amadurecer entrando na dolorosa realidade de suas perdas em vez de evitá-las?

Oração

Senhor, tenho gasto muito de minha vida fugindo da dor e da perda, tomando um remédio para a dor e rapidamente me movendo para o próximo projeto — a nova demanda urgente. Peço a graça para aceitar tudo da vida — as alegrias e as tristezas, as mortes e os nascimentos, o velho e o novo. Em nome de Jesus, amém.

Encerre com silêncio (2 minutos).

Dia 4: Ofício divino do meio-dia/noite

Silêncio, quietude e concentração perante Deus (2 minutos)

Leitura bíblica: Lucas 19:41-44

E quando se aproximou e viu a cidade, chorou por ela; e disse: Ah! Se tu conhecesses, ao menos neste dia, o que te poderia trazer a paz! Mas agora isso está encoberto aos teus olhos. Porque te sobrevirão dias em que os teus inimigos haverão de te cercar de trincheiras, te sitiar e te atacar por todos os lados; e te derrubarão, a ti e aos teus filhos que dentro de ti estiverem. E não deixarão em ti pedra sobre pedra, pois não reconheceste o tempo em que foste visitada.

Devocional

A palavra grega usada para descrever Jesus chorando sobre Jerusalém é a de uma pessoa pranteando ou soluçando. Imagine a cena!

Infelizmente muitos de nós, diferentemente do nosso Senhor, sentimo-nos culpados em expressar sentimentos crus como tristeza e raiva. O problema é que, quando negamos nossos sentimentos, dores e perdas ano após ano, transformamo-nos aos poucos em conchas com faces risonhas nelas pintadas. Mas, quando nos permitimos sentir uma gama maior de emoções (incluindo tristeza, depressão, medo e raiva), acontece uma profunda mudança em nosso relacionamento com Deus. Como escreveu Ken Gire:

> C. S. Lewis disse que "deveríamos levar a Deus o que está em nós, não o que deveria estar em nós". Os "deveria" nos impedirão de contar a verdade. Eles também nos impedirão de sentir a verdade. Especialmente a verdade sobre nosso sofrimento [...].
>
> Quando Jesus se deu conta da proximidade de sua própria morte, ele foi a um lugar tranquilo e orou. [...] Somos informados de que ele agonizou *com grande clamor e lágrimas* (Hebreus 5:7). Somos também informados de que ele caiu no chão, onde orou intensamente e suou abundantemente (Lucas 22:44).
>
> Isto não foi uma pintura da Renascença; foi um retrato real, um quadro de nossa oração quando a terra sob nossos pés começa a tremer. Oramos como podemos, com as palavras que podemos. Oramos com nosso suor, com nossas lágrimas. E com os amigos que tivermos que se sentarão conosco nas trevas.[10]

Pergunta a ser considerada
Como mudaria sua vida de oração levar a Deus o que está realmente em você e não o que você acha que deveria estar?

Oração
> *Aba Pai, confesso que estou quase sempre com medo e confuso para dizer-te francamente tudo o que está dentro de mim — embora eu saiba que tu sabes isso de qualquer maneira. Ensina-me o que é a ousadia em oração enquanto me aproximo do teu trono de graça. Em nome de Jesus, amém.*
>
> *Encerre com silêncio* (2 minutos).

Dia 5: Ofício divino da manhã/meio-dia
Silêncio, quietude e concentração perante Deus (2 minutos)

Leitura bíblica: Hebreus 5:7-8
> *Nos dias de sua vida, com grande clamor e lágrimas, Jesus ofereceu orações e súplicas àquele que podia livrá-lo da morte e, tendo sido ouvido por causa do seu temor a Deus, embora sendo Filho, aprendeu a obediência por meio das coisas que sofreu.*

Devocional
A capacidade de sofrer está quase perdida em nossa cultura. As pessoas usam trabalho, TV, drogas, álcool, compras, farras, negócios, escapadas sexuais, relacionamentos prejudiciais e até mesmo serviço na igreja — qualquer coisa — para curar o sofrimento da vida. Ano após ano nós negamos e evitamos as dificuldades e perdas da vida, as rejeições e frustrações. Quando uma perda entra em nossa vida, ficamos zangados com Deus e o tratamos como uma invasão alienígena do espaço.

Isto não é bíblico e é uma negação de nossa humanidade comum. Considere os seguintes exemplos: Os antigos hebreus expressavam fisicamente seus lamentos rasgando suas roupas e usando aniagem e cinzas. Jesus mesmo se ofereceu "com grande clamor e lágrimas". Durante a geração de Noé, Deus se angustiou com o estado da humanidade (Gênesis 6). Jeremias escreveu seis confissões ou lamentações nas quais protestou a Deus sobre suas circunstâncias. Em seguida, depois da queda de Jerusalém, ele escreveu todo um livro chamado Lamentações.

A resposta divina à perda não é nem um conserto nem um pretexto. A Escritura nos ensina a lidar honestamente e em atitude de oração com nossas perdas e decepções (grandes e pequenas), e todas suas confusas emoções que as acompanham. Por quê? As perdas são indispensáveis se tivermos de mudar e crescer como homens e mulheres que Deus quer que sejamos.[11]

Pergunta a ser considerada
De que forma você é tentado a remediar ou encobrir suas perdas, deixando escapar a obra mais profunda de Deus em você?

Oração
Senhor, reconheço que prefiro ignorar e negar minha dor e perda. Luto para ver como a vida ressurreta pode surgir da morte. Concede-me coragem para prestar atenção ao que estás fazendo e esperar em ti — mesmo quando tudo em mim quer fugir. Em nome de Jesus, amém.

Encerre com silêncio (2 minutos).

Dia 5: Ofício divino do meio-dia/noite
Silêncio, quietude e concentração perante Deus (2 minutos)

Leitura bíblica: Jó 42:12-17
*Assim, o S*ENHOR *abençoou o último estado de Jó mais do que o primeiro; pois Jó chegou a ter catorze mil ovelhas, seis mil camelos, mil juntas de bois e mil jumentas. Também teve sete*

filhos e três filhas. E à primeira filha chamou Jemima, à segunda, Quézia, e à terceira, Quéren-Hapuque. Em toda a terra não se achavam mulheres tão belas como as filhas de Jó; e seu pai lhes deu herança entre seus irmãos. Depois disso, Jó viveu cento e quarenta anos e viu seus filhos e descendentes até a quarta geração. Então Jó morreu, velho e de idade avançada.

Devocional

A lamentação boa não é apenas ficar indiferente, mas também permitir que a perda nos abençoe. Jó fez exatamente isso.

A vida antiga de Jó havia de fato acabado. Aquela porta permanecia fechada. Essa é a fonte do grande sofrimento que surge de nossas perdas. Tem caráter definitivo. Não podemos recuperar o que ficou para trás. Todavia, se seguirmos a trilha de Jó, seremos abençoados. Essa é uma das principais lições de Jó. Ele seguiu a difícil trilha que consistiu em permitir que suas perdas engrandecessem sua alma para com Deus, e Deus o abençoou superabundantemente. Jó não apenas foi transformado espiritualmente, mas o Senhor o abençoou com nova prosperidade. Sua riqueza foi duplicada, Deus lhe deu dez filhos mais uma vez, e ele viveu até uma idade bastante avançada.

Esse relato tem a finalidade de nos encorajar a confiar no Deus vivo com as muitas "pequenas mortes" que experimentamos em nossa vida. A mensagem central de Cristo é que sofrer e morrer traz ressurreição e transformação. Jesus mesmo disse: *Em verdade, em verdade vos digo: Se o grão de trigo não cair na terra e não morrer, ficará só; mas, se morrer, dará muito fruto* (João 12:24).

Mas lembre-se de que a ressurreição somente surge da morte — a morte verdadeira. Nossas perdas são reais, e o nosso Deus também é — o Deus vivo.[12]

Pergunta a ser considerada
Como Deus está vindo até você por meio de "pequenas mortes" em sua vida agora?

Oração
Senhor, depois da perda de Jó, tu deste a ele prosperidade, abençoando-o com o dobro do que ele tinha antes, mas isso nem sempre foi a minha experiência. Concede-me paciência. Ajuda-me a confiar e a esperar em ti, especialmente nas áreas da minha vida em que não tenho ideia do que estás fazendo, quando o meu sofrimento irá acabar ou para onde estás me levando. Em nome de Jesus, amém.

Encerre com silêncio (2 minutos).

Notas
[1] WOLTERSTORFF, Nicholas. *Lament for a son* [Lamento para um filho]. Grand Rapids: Eerdmans, 1987, p. 81.

[2] SCAZZERO, Peter. *Espiritualidade emocionalmente saudável*, p. 170.

[3] SITTSER, Gerald L. *A grace disguised: how the soul grows through Loss* [Graça disfarçada: como a alma cresce com a perda]. Grand Rapids: Zondervan, 1995, p. 39, 44, 61 (cf. p. 37).

[4] TADA, Joni Eareckson; ESTES, Steven. *When God weep: why our sufferings matter to the almighty* [Quando Deus chora: por que nossas dores importam ao Deus Todo-poderoso]. Grand Rapids: Zondervan, 1997, p. 135, 136.

[5] A letra aqui apresentada é a tradução de William Edwin Entzminger (1859-1930) e a música de Philip Paul Bliss (1838-1876), que consta no hinário Cantor Cristão com o número 108, sob o título *Sou feliz*. [N. do T.]

[6] *http://www.atthewell.com/itiswell//index.php*.

[7] PALMER, Parker J. *Let your life speak: listening for the voice of vocation* [Que sua vida fale: ouvindo a voz da vocação]. San Francisco: Jossey-Bass, 2000, p. 98, 99.

[8] SCAZZERO, Peter. *Espiritualidade emocionalmente saudável*, p. 184.

[9] PETERSON, Eugene. *Leap over a wall: earthly spirituality for everyday christians* [Salto sobre o muro: espiritualidade terrena para cristãos de todo dia]. New York: HarperCollins, 1997, p. 120, 121.

[10] GIRE, Ken. *The weathering grace of God: the beauty God brings from life's upheavals* [A tempestuosa graça de Deus: A beleza que Deus traz das vicissitudes da vida]. Ann Arbor: Vine Books: Servant Publications, 2001, p. 96-98.

[11] SCAZZERO, Peter. *A igreja emocionalmente saudável.*

[12] SCAZZERO, *Espiritualidade emocionalmente saudável*, p. 188, 89.

6

Descubra os ritmos do ofício divino e do descanso

Ofícios divinos
Sexta semana

Dia 1: Ofício divino da manhã/meio-dia

Silêncio, quietude e concentração perante Deus (2 minutos)

Leitura bíblica: Lucas 8:11-15

Este é o significado da parábola: A semente é a palavra de Deus. Os que estão à beira do caminho são os que ouvem; mas logo vem o diabo e tira-lhes do coração a palavra, para que não aconteça que, crendo, sejam salvos. Os que estão sobre as pedras são os que, ouvindo a palavra, recebem-na com alegria; contudo, eles não têm raiz e creem apenas por algum tempo; e desviam-se na hora da provação. A parte que caiu entre os espinhos são os que ouviram e, seguindo seu caminho, são sufocados pelas preocupações, riquezas e prazeres desta vida, e não dão fruto que chegue a amadurecer. Mas a que caiu em boa terra são os que, ouvindo a palavra com coração honesto e bom, conservam-na e dão fruto com perseverança.

Devocional

A consciência do amor de Deus — e a resposta a ele — estão no centro de nossa vida.

Cada momento e cada acontecimento da vida do homem na terra planta alguma coisa em sua alma. Pois, assim como o vento carrega milhares de sementes, cada momento traz consigo germes de vitalidade espiritual que vêm repousar imperceptivelmente na mente e na vontade dos homens. A maior parte dessas inúmeras sementes morrem e se perdem, porque os homens não estão preparados para recebê-las: porque sementes como essas não podem brotar em qualquer lugar a não ser em solo bom de liberdade, espontaneidade e amor.

Esta não é uma ideia nova. Cristo, na parábola do semeador, há muito tempo nos disse que: *A semente é a palavra de Deus.* Quase sempre pensamos que isto se aplica somente à palavra do evangelho formalmente pregado nas igrejas aos domingos [...]. Mas cada expressão da vontade de Deus é em certo sentido uma "palavra" de Deus e, portanto, uma "semente" de vida nova. A realidade em constante mudança no meio da qual vivemos deve nos despertar para a possibilidade de um ininterrupto diálogo com Deus [...].

Precisamos aprender a nos dar conta de que o amor de Deus nos procura em cada situação, e busca o nosso bem.

— Thomas Merton[1]

Pergunta a ser considerada

Faça uma pausa e analise seu dia. Que sementes de Deus estão chegando e que você não quer perder?

Oração

Senhor, eu te louvo porque o teu amor busca o meu bem em toda e qualquer situação. Perdoa-me pelas sementes que tenho desperdiçado. Abranda o meu coração para me render à tua vontade. Em nome de Jesus, amém.

Encerre com silêncio (2 minutos).

Dia 1: Ofício divino do meio-dia/noite

Silêncio, quietude e concentração perante Deus (2 minutos)

Leitura bíblica: Gênesis 2:9b, 15-17

E o SENHOR Deus fez brotar do solo todo tipo de árvore agradável à vista e boa para alimento, bem como a árvore da vida no meio do jardim, e a árvore do conhecimento do bem e do mal [...]. E o SENHOR Deus tomou o homem e o colocou no jardim do Éden, para que o homem o cultivasse e guardasse. Então o SENHOR Deus ordenou ao homem: Podes comer livremente de qualquer árvore do jardim, mas não comerás da árvore do conhecimento do bem e do mal; porque no dia em que dela comeres, com certeza morrerás.

Devocional

No centro das disciplinas do Ofício Divino e do descanso, está a pausa para a entrega a Deus em confiança. A falta de confiança é a própria essência do pecado no jardim do Éden. Adão e Eva trabalhavam legitimamente e desfrutavam de suas realizações no jardim. Entretanto, eles foram chamados a aceitar seus limites e a não comerem da árvore do conhecimento do bem e do mal. Eles não foram feitos para ver e saber o que pertence ao Deus Todo-poderoso.

Como argumentou o teólogo Robert Barron, o centro do pecado original é a recusa em aceitar o ritmo de Deus para nós. A essência de ser criado à imagem de Deus é a nossa capacidade, como Deus, de parar. Nós imitamos Deus ao interromper nosso trabalho e descansar. Se podemos parar um dia por semana, ou durante um minissábado por dia (um Ofício Divino), tocamos algo profundo dentro de nós como portadores da imagem de Deus. Nosso cérebro, corpo, espírito e emoções estão todos ligados por Deus em relação ao ritmo de trabalho e descanso nele.

Parar durante um Ofício Divino ou período de descanso não é acrescentar outra obrigação à nossa agenda já cheia. É uma forma inteiramente nova de estar no mundo, redefinindo todos os nossos dias numa nova direção — Deus.[2]

Pergunta a ser considerada

Como você ouve o convite para "parar e submeter-se a Deus em confiança" hoje?

Oração

> Senhor, ajuda-me a me agarrar a ti hoje.
> Preciso de ti. Liberta-me para começar a reorientar
> minha vida em torno de ti, e de ti somente.
> Ajuda-me a prestar atenção e a honrar a maneira
> como me fizeste de maneira singular. Obrigado

pelo presente do descanso. Em nome de Jesus, amém.

Encerre com silêncio (2 minutos).

Dia 2: Ofício divino da manhã/meio-dia
Silêncio, quietude e concentração perante Deus (2 minutos)

Leitura bíblica: 1Reis 19:11-12

E Deus lhe disse: Vem para fora e sobe o monte diante do SENHOR. Então o SENHOR passou, e um grande e forte vento separava os montes e despedaçava os penhascos diante do SENHOR; mas o SENHOR não estava no vento. Depois do vento veio um terremoto; mas o SENHOR não estava no terremoto. E depois do terremoto veio fogo; mas o SENHOR não estava no fogo. E depois do fogo veio uma voz mansa e suave.

Devocional

Quando Deus apareceu a Elias (depois de sua fuga de Jezabel e durante sua depressão suicida), ele lhe disse para permanecer à espera da passagem da presença do Senhor. Deus não apareceu nas formas do passado. Deus não estava no vento (como com Jó), no terremoto (como quando deu os Dez Mandamentos no monte Sinai) ou no fogo (como na sarça ardente vista por Moisés). Deus se revelou a Elias numa "voz mansa e suave", que pode também ser traduzida como "um som de puro silêncio". A tradução comum desta passagem não captura plenamente o sentido hebraico original, mas o que o tradutor poderia fazer? Como ouvir o silêncio?

O silêncio depois do caos, para Elias e para nós, é cheio da presença de Deus. Deus falou a Elias a partir do silêncio.[3]

Deus convida você a permanecer à espera como Elias. Por quê? Deus também quer falar-lhe do "som de puro silêncio".

Pergunta a ser considerada
Quando você pode separar algum tempo para um silêncio ampliado e ininterrupto para ouvir Deus?

Oração
> Senhor, tu sabes como é difícil para mim estar em silêncio
> na tua presença. Às vezes parece quase impossível,
> dadas as exigências, distrações e ruídos ao meu redor.
> Eu te convido a me guiar a um lugar quieto e silencioso
> perante ti — a um lugar onde eu possa ouvir-te como
> Elias o fez. Em nome de Jesus, amém.

Encerre com silêncio (2 minutos).

Dia 2: Ofício divino do meio-dia/noite
Silêncio, quietude e concentração perante Deus (2 minutos)

Leitura bíblica: João 15:4-6
> *Permanecei em mim, e eu permanecerei em vós. O ramo não pode dar fruto por si mesmo, se não permanecer na videira; assim também vós, se não permanecerdes em mim. Eu sou a videira; vós sois os ramos. Quem permanece em mim e eu nele, esse dá muito fruto; porque sem mim nada podeis fazer. Quem não permanece em mim é jogado fora e seca, à semelhança do ramo. Esses ramos são recolhidos, jogados no fogo e queimados.*

Devocional
Quando estamos mais ocupados do que Deus requer que estejamos, cometemos violência contra nós mesmos. Thomas Merton compreendeu isto e escreveu:

> Existe uma forma sutil de violência contemporânea [...] ativismo e excesso de trabalho. A pressa e a pressão da vida moderna são uma forma, talvez a forma mais comum, de sua violência inata. Deixar-se levar por uma multidão de interesses

conflitantes, render-se a muitas exigências, comprometer-se com muitos projetos, querer ajudar a todos em tudo, é sucumbir à violência. O frenesi [...] mata a raiz da sabedoria interior que torna o trabalho frutífero.[4]

Pergunta a ser considerada
De que forma você está mais ocupado do que Deus requer?

Oração
Pai, sei o quanto sou levado por tantas preocupações, exigências e projetos. Tenho sentido a violência à minha alma. Liberta-me deste redemoinho em torno de mim. Cura o meu espírito cansado e esgotado, permitindo que a sabedoria que vem do descanso em ti flua profundamente em mim. Em nome de Jesus, amém.

Encerre com silêncio (2 minutos).

Dia 3: Ofício divino da manhã/meio-dia
Silêncio, quietude e concentração perante Deus (2 minutos)

Leitura bíblica: Salmo 46:1-3, 10
Deus é nosso refúgio e fortaleza, socorro bem presente na angústia. Por isso, não temeremos, ainda que a terra trema e os montes afundem nas profundezas do mar; ainda que as águas venham a rugir e espumar, ainda que os montes estremeçam na sua fúria [...]. Aquietai-vos e sabei que eu sou Deus; sou exaltado entre as nações, sou exaltado na terra.

Devocional
Muitos estão avidamente buscando, mas somente encontram os que permanecem em contínuo silêncio [...]. Todo homem que se deleita numa multidão de palavras, embora diga coisas admiráveis, é vazio interiormente. Se você ama a verdade, seja um amante do silêncio. O silêncio, como a luz do sol, o

iluminará em Deus e o libertará dos fantasmas da ignorância. O silêncio o unirá ao próprio Deus [...].

Acima de tudo, ame o silêncio: ele lhe proporciona um fruto que a língua não pode descrever. No começo, temos de nos forçar para ficarmos em silêncio. Mas então nasce algo que nos arrasta para o silêncio. Que Deus dê a você uma experiência deste "algo" que nasce do silêncio. Se apenas praticar isto, luz incalculável, consequentemente, despontará em você [...] depois de um tempo certa doçura nasce no coração desse exercício e o corpo é puxado quase à força para permanecer em silêncio.

— Isaac de Nineveh[5]

Pergunta a ser considerada
O que em você impede o silêncio?

Oração
Senhor, ajuda-me a ficar calmo e a esperar pacientemente por ti em silêncio. Em nome de Jesus, amém.

Encerre com silêncio (2 minutos).

Dia 3: Ofício divino do meio-dia/noite
Silêncio, quietude e concentração perante Deus (2 minutos)

Leitura bíblica: Mateus 13:31-33
Jesus apresentou-lhes outra parábola, dizendo: O reino do céu é comparável a um grão de mostarda que um homem pegou e semeou em seu campo. Mesmo sendo a menor das sementes, quando cresce é o maior dos arbustos e torna-se uma árvore, de modo que as aves do céu vêm e se aninham nos seus ramos. Jesus lhes falou outra parábola: O reino do céu é comparável ao fermento que uma mulher misturou com três medidas de farinha, até ficar tudo fermentado.

Devocional

Nessas duas parábolas descrevendo o reino de Deus, ouvimos Jesus apelando para desacelerarmos e considerarmos mais detidamente nossa vida.

Nós podemos trabalhar sem parar, cada vez mais rápido, com lâmpadas elétricas fazendo dia artificial para que toda a máquina possa trabalhar sem cessar. Mas lembre-se: nenhum ser vive desse jeito. Existem ritmos maiores que governam a vida: estações, pôr do sol, grandes movimentos dos mares e estrelas [...]. Nós somos parte da história da criação, sujeitos a suas leis e ritmos.

Render-se aos ritmos das estações, florações e dormências é saborear o segredo da própria vida.

Muitos cientistas acreditam que estamos "ligados" a isto, a viver em consciência rítmica, estar dentro e, em seguida, sair, estar absorvido e, em seguida, separado, trabalhar e depois descansar. Conclui-se então que o mandamento para lembrar do sábado não é uma exigência penosa de alguma divindade — "você deve, seria melhor, você precisa" — e sim uma lembrança de uma lei que está firmemente entalhada na textura da natureza. É um lembrete de como realmente as coisas são, a dança rítmica à qual nós inevitavelmente pertencemos.

— Wayne Muller[6]

Pergunta a ser considerada

Como os ritmos da natureza (por exemplo, primavera, verão, outono, inverno, dia, noite) falam a você e apontam para os tipos de ritmos que você deseja para sua vida?

Oração

Senhor, eu te agradeço por estares trabalhando mesmo quando estou dormindo. Ensina-me a respeitar os ritmos internos da vida e a viver num lugar de profundo descanso em ti. Em nome de Jesus, amém.

Encerre com silêncio (2 minutos).

Dia 4: Ofício divino da manhã/meio-dia

Silêncio, quietude e concentração perante Deus (2 minutos)

Leitura bíblica: Marcos 2:23-28

E aconteceu que Jesus passava pelos campos de cereais em dia de sábado e, enquanto caminhavam, seus discípulos começaram a colher espigas. E os fariseus lhe perguntaram: Por que eles estão fazendo o que não é permitido no sábado? Ele lhes respondeu: Acaso nunca lestes o que Davi fez quando ele e seus companheiros estavam em necessidade e com fome? Como ele entrou na casa de Deus, no tempo do sumo sacerdote Abiatar, e comeu dos pães consagrados, dos quais apenas os sacerdotes tinham permissão para comer, e deu também aos companheiros? E prosseguiu: O sábado foi feito por causa do homem, e não o homem por causa do sábado. De modo que o Filho do homem é Senhor até mesmo do sábado.

Devocional

O sábado não depende de nossa boa vontade para parar. Não paramos quando tivermos acabado. Não paramos quando terminamos nossos telefonemas, nossos projetos, a pilha de mensagens ou o relatório devido para amanhã. Paramos porque é tempo de parar.

O sábado requer renúncia. Se apenas pararmos quando tivermos terminado todo o nosso trabalho, nunca iremos parar — porque o nosso trabalho nunca está completamente feito. A cada realização surge uma nova responsabilidade [...].
Se recusarmos descansar até termos terminado, nunca iremos descansar até morrermos. O sábado dissolve a urgência artificial de nossos dias, porque ele nos libera da necessidade de terminar [...].

Nós paramos porque existem forças maiores do que nós que cuidam do universo e, embora nossos esforços sejam importantes, necessários e úteis, não são (nem nós somos) indispensáveis. A galáxia, de alguma forma, se administra sem nós em relação a esta hora, este dia, e por isso somos convidados — ou melhor, recebemos ordem — para relaxar, desfrutar de nossa relativa insignificância, nosso humilde lugar à mesa de um mundo muito grande [...].

"Não andeis ansiosos quanto ao dia de amanhã", disse Jesus repetidas vezes. Que o trabalho deste dia seja suficiente [...].

O sábado diz: Fique quieto. Pare. Não há pressa em chegar ao fim, porque nós nunca terminamos.

— Wayne Muller[7]

Pergunta a ser considerada
Qual o seu maior medo em parar por um período de 24 horas por semana?

Oração
Guardar o sábado, Senhor, irá requerer muitas mudanças na maneira como eu vivo. Ensina-me, Senhor, a dar o próximo passo de forma que isso se ajuste à minha personalidade e situação. Ajuda-me a confiar em ti em relação às tarefas inacabadas e a desfrutar meu humilde lugar em teu mundo muito grande. Em nome de Jesus, amém.

Encerre com silêncio (2 minutos).

Dia 4: Ofício divino do meio-dia/noite
Silêncio, quietude e concentração perante Deus (2 minutos)

Leitura bíblica: Salmo 92:1-6
É bom render graças ao Senhor e cantar louvores ao teu nome, ó Altíssimo, proclamar teu amor pela manhã, e à noite, tua fidelidade, com instrumentos de dez cordas, com saltério e ao som

solene da harpa. Senhor, *tu me alegraste com teus feitos; exultarei com as obras das tuas mãos.* Senhor, *como são grandes as tuas obras! Como são profundos teus pensamentos! O insensato não compreende, o tolo não entende isto.*

Devocional

O Salmo 92 é um cântico composto para o sábado. Ele se coloca como uma acusação contra a cultura contemporânea de exaustão e destruição. Ele também se nos apresenta como uma visão positiva da guarda do sábado que nos leva além da mera moratória do exercício frenético. O sábado é o foco e a culminação de uma vida que é diária e praticamente dedicada a honrar a Deus.

> Abraham Joshua Heschel observou certa vez: "A menos que se aprenda a saborear o gosto do sábado enquanto se está neste mundo, a menos que a pessoa seja iniciada na valorização da vida eterna, será incapaz de desfrutar o gosto da eternidade no mundo futuro". Somos simplesmente ingênuos se pensarmos que, tendo gastado ou desperdiçado os bons presentes desta criação, não faremos o mesmo com os presentes do céu. A prática do sábado, nesta visão, é um tipo de campo de treinamento para a vida eterna, uma preparação para a plena recepção e boas vindas da presença de Deus.
>
> — Norman Wirzba[8]

Pergunta a ser considerada

Como a guarda do sábado (durante um período inteiro de 24 horas) e a prática do Ofício Divino (um minissábado de alguns minutos) podem proporcionar a você um gosto da eternidade?

Oração

Senhor, mostra-me como receber tua presença, não somente um dia por semana, mas todos os dias.
Treina-me para a eternidade. Concede-me o gosto do

céu pela experiência do verdadeiro descanso do sábado. Em nome de Jesus, amém.

Encerre com silêncio (2 minutos).

Dia 5: Ofício divino da manhã/meio-dia
Silêncio, quietude e concentração perante Deus (2 minutos)

Leitura bíblica: Salmo 23:1-3

O SENHOR é o meu pastor; nada me faltará. Ele me faz deitar em pastos verdejantes; guia-me para as águas tranquilas. Renova a minha alma; guia-me pelas veredas da justiça por amor do seu nome.

Devocional

O sábado nos ensina graça porque ele nos conecta de maneira prática com a verdade básica de que nada do que fizermos ganhará o amor de Deus. Enquanto estivermos trabalhando duro, usando nossos dons para servir outros, experimentando a alegria em nosso trabalho na labuta, estamos sempre em perigo de acreditar que as nossas ações acionam o amor de Deus por nós. Somente em parar, realmente parar, é que ensinamos nosso coração e alma que somos amados independentemente do que fazemos.

Durante um dia de descanso, temos a oportunidade de respirar fundo e olhar para nossa vida. Deus está em ação em cada minuto de nossos dias, embora raramente notemos. Notar requer parar intencionalmente, e o sábado dá essa oportunidade. No sábado podemos ter um momento para ver a beleza de uma folha, criada com grande cuidado por nosso amado criador [...].

Sem tempo para parar, não podemos notar a mão de Deus em nossa vida, praticar a gratidão, dar um passo fora da nossa cultura ou explorar nossos mais profundos anseios. Sem tempo para descansar, vamos debilitar seriamente nossa capacidade de experimentar o amor e a aceitação incondicionais de Deus. O sábado é um dom cujas bênçãos não podem ser encontradas em nenhuma outra parte.

— Lynne Baab[9]

Pergunta a ser considerada

Como você permitirá que Deus o leve às "águas tranquilas" de descanso esta semana para que você experimente seu amor e aceitação incondicionais?

Oração

Senhor, agora eu respiro fundo e faço uma parada.
Quase sempre esqueço tua mão e dons em minha vida
porque estou preocupado e ansioso. Concede-me
o poder de fazer uma pausa cada dia e cada semana
para simplesmente descansar em teus braços de amor.
Em nome de Jesus, amém.

Encerre com silêncio (2 minutos).

Dia 5: Ofício divino do meio-dia/noite

Silêncio, quietude e concentração perante Deus (2 minutos)

Leitura bíblica: Deuteronômio 5:12-15

Guarda o dia do sábado, para o santificar, como te ordenou o Senhor, teu Deus; seis dias trabalharás e farás todo o teu trabalho; mas o sétimo dia é o sábado do Senhor, teu Deus. Nesse dia não farás trabalho algum, nem tu, nem teu filho, nem tua filha, nem teu servo, nem tua serva, nem teu boi, nem teu jumento, nem qualquer animal teu, nem o estrangeiro que vive em tuas cidades; para que teu servo e tua serva descansem como tu. Lembra-te de que foste escravo na terra do Egito e que o Senhor, teu Deus, te tirou dali com mão forte e braço estendido. Por isso, o Senhor, teu Deus, te ordenou que guardasses o dia do sábado.

Devocional

O sábado foi destinado a moldar nossa vida como pessoas livres. O quarto mandamento determina um dia de descanso — mesmo para as pessoas escravizadas.

> A razão do Deuteronômio para a guarda do sábado é que os nossos ancestrais no Egito passaram quatrocentos anos sem férias (Deuteronômio 5:15). Nenhum dia de folga. A consequência: eles não eram mais considerados pessoas, mas escravos. Foram reduzidos a mãos, a unidades de trabalho. Não pessoas criadas à imagem de Deus, mas equipamento para fazer tijolo e construir pirâmides. A humanidade foi desfigurada.
> — Eugene Peterson[10]

Pergunta a ser considerada

Como a verdade de que Deus não quer usá-lo, mas quer deleitar-se em você, pode lhe proporcionar uma compreensão para celebrar o sábado?

Oração

Senhor, o descanso do sábado é verdadeiramente um presente inacreditável! Agradeço por não haver nada que eu possa fazer para ganhar o teu amor; ele vem sem nada amarrado. Quando fecho meus olhos durante alguns minutos perante ti, tudo o que posso dizer é: muito obrigado! Em nome de Jesus, amém.

Encerre com silêncio (2 minutos).

Notas

[1] MERTON, Thomas. *Novas sementes de contemplação*. Rio de Janeiro: Fissus, 2001.

[2] SCAZZERO, Peter. *Espiritualidade emocionalmente saudável*, p. 195, 196.

[3] Ibidem, p. 201.

[4] MERTON, Thomas. *Confessions of a guilty bystander* [Confissões de um espectador culpado]. New York: Doubleday, 1966, p. 86.

[5] MERTON, Thomas. *Contemplative prayer* [Oração contemplativa]. New York: Doubleday, Image Books, 1996, p. 29, 30.

[6] MULLER, Wayne. *Sabbath: finding rest, renewal, and delight in our busy lives* [Sábado: encontrando descanso, renovo e alegria em nossas vidas ocupadas]. New York: Bantam Books, 1999, p. 69.

[7] Ibidem., p. 82-85.

[8] WIRZBA, Norman. *Living the sabbath: discovering the rhythm of rest and delight* [Vivendo o sábado: descobrindo o ritmo do descanso e da alegria]. Grand Rapids: Brazos, 2006, p. 22-24.

[9] BAAB, Lynne M. *Sabbath keeping: finding freedom in the rhythms of rest* [A guarda do sábado: encontrando liberdade nos ritmos do descanso]. DownersGrove: InterVarsity, 2005, p. 17-19.

[10] PETERSON, Eugene H. *Working the angles: the shape of pastoral integrity* [Trabalhando os ângulos: o formato da integridade pastoral]. Grand Rapids: Eerdmans, 1987, p. 49.

7

TORNE-SE UM ADULTO EMOCIONALMENTE MADURO

Ofícios divinos
Sétima semana

Dia 1: Ofício divino da manhã/meio-dia
Silêncio, quietude e concentração perante Deus (2 minutos)

Leitura bíblica: Lucas 9:49-55

João lhe disse: Mestre, vimos um homem que expulsava demônios em teu nome, e nós o proibimos, pois ele não nos acompanha. E Jesus lhe respondeu: Não o proibais; pois quem não é contra vós é por vós. Quando se completavam os dias para que fosse elevado ao céu, ele manifestou o firme propósito de ir para Jerusalém. E enviou mensageiros à sua frente; estes foram e entraram num povoado de samaritanos para lhe preparar pousada. Mas os samaritanos não o receberam, pois viajava para Jerusalém. Quando viram isso, os discípulos Tiago e João disseram: Senhor, queres que mandemos descer fogo do céu para os consumir? Ele, porém, voltando-se, repreendeu-os: Vós não sabeis de que espírito sois.

Devocional

Quase sempre esquecemos que as pessoas escolhidas por Jesus para formar a liderança de sua igreja não eram maduras nem espiritual, nem emocionalmente. Assim como nós, elas tinham muito a aprender.

Pedro, o principal líder, tinha um grande problema com sua boca e era um feixe de contradições. André, seu irmão, era calmo e ficava atrás da cena. Tiago e João foram chamados "filhos do trovão" por serem agressivos, impetuosos, ambiciosos e intolerantes. Filipe era cético e negativo. Ele tinha visão limitada. "Não podemos fazer isso", ele resumiu sua falta de fé quando confrontado pelo problema de alimentar cinco mil pessoas. Natanael Bartolomeu era preconceituoso e teimoso. Mateus era a pessoa mais odiada de Cafarnaum, trabalhando numa profissão que tratava os inocentes com crueldade. Tomé era melancólico, um tanto depressivo e pessimista. Tiago, filho de

Alfeu, e Judas, filho de Tiago, eram insignificantes. A Bíblia não diz nada a respeito deles. Simão, o zelote, era um livre combatente e um terrorista do seu tempo. Judas, o tesoureiro, era um ladrão solitário. Ele fingiu ser leal a Jesus e depois o traiu.

A maioria deles, entretanto, tinha de fato uma qualidade. Eles estavam dispostos. Isso é tudo o que Deus pede de nós.[1]

Pergunta a ser considerada

Que passo você pode dar para se colocar (com todas as suas falhas) nas mãos de Jesus, convidando-o a moldá-lo num discípulo espiritual e emocionalmente maduro?

Oração

Senhor Jesus, eu me identifico com os discípulos que quiseram que descesse fogo do céu sobre os samaritanos e lutaram a respeito de quem deles era o maior.
Perdoa minha arrogância. Purifica-me e enche-me com teu poder para que eu possa aprender a amar hoje por causa do teu nome. Amém.

Encerre com silêncio (2 minutos).

Dia 1: Ofício divino do meio-dia/noite
Silêncio, quietude e concentração perante Deus (2 minutos)

Leitura bíblica: Marcos 5:30-34

Jesus logo percebeu que dele havia saído poder. Então virou--se no meio da multidão e perguntou: Quem tocou as minhas roupas? Os seus discípulos lhe disseram: Vês que a multidão te pressiona, e perguntas: Quem me tocou? Mas ele olhava em redor para ver quem havia feito aquilo. Então a mulher, atemorizada e trêmula, ciente do que lhe havia acontecido, foi, prostrou-se diante dele e contou-lhe toda a verdade. E Jesus lhe disse: Filha, a tua fé te salvou; vai-te em paz e fica livre desse teu mal.

Devocional

Como cristãos adultos emocionalmente maduros, reconhecemos que aprender a amar é a essência da verdadeira espiritualidade. Isto requer a experiência da conexão com Deus, conosco mesmos e com outras pessoas. Deus nos convida a praticar sua presença em nossa vida diária. Ao mesmo tempo, ele nos convida a "praticar a presença das pessoas", dentro de uma consciência da sua presença, em nossos relacionamentos diários. Infelizmente, os dois raramente estão juntos.

A profunda e contemplativa vida de oração de Jesus com seu Pai resultou numa presença contemplativa com as pessoas. O amor deve "revelar a beleza de outras pessoas para si mesmas", escreveu Jean Vanier. Jesus fez isso a cada pessoa com a qual se encontrou. Vemos isto em sua interação com a mulher que sofria de uma hemorragia havia doze anos (Marcos 5).

Esta capacidade de realmente ouvir e prestar atenção às pessoas estava bem no centro da missão de Jesus e o movia à compaixão. Da mesma forma, como algo decorrente do nosso tempo contemplativo com Deus, nós também somos convidados a estar presentes às pessoas em espírito de oração, revelando a elas sua beleza.

Infelizmente, os líderes religiosos do tempo de Jesus, os "líderes da igreja" daquele tempo, nunca fizeram essa conexão.[2]

Pergunta a ser considerada

Como você pode "praticar a presença das pessoas" dentro de uma consciência da presença de Deus hoje?

Oração

> *Senhor, tenho formas doentias de me relacionar com os outros que estão profundamente incorporadas em mim. Por favor, muda-me. Faz de mim um vaso para espalhar amor maduro, estável e confiável para que quem entrar em contato comigo sinta tua ternura e*

bondade por meu intermédio. Em nome de Jesus, amém.

Encerre com silêncio (2 minutos).

Dia 2: Ofício divino da manhã/meio-dia
Silêncio, quietude e concentração perante Deus (2 minutos)

Leitura bíblica: Lucas 15:20b-24

E levantando-se, foi para seu pai. Estando ele ainda longe, seu pai o viu, encheu-se de compaixão e, correndo, lançou-se ao seu pescoço e o beijou. E o filho lhe disse: Pai, pequei contra o céu e contra ti; não sou mais digno de ser chamado teu filho. Mas o pai disse aos servos: Trazei depressa a melhor roupa e vesti-o; ponde-lhe um anel no dedo e sandálias nos pés; trazei também o melhor bezerro e matai-o; comamos e alegremo-nos, porque este meu filho estava morto e reviveu; havia se perdido e foi achado. E começaram a se alegrar.

Devocional

Na conhecida parábola do filho pródigo, a descrição de Jesus do pai nos dá um relance do que significa, para nós, sermos adultos emocionalmente maduros.

A igreja está cheia de "filhos mais moços" que se desviam do amor de Deus sempre que ele não atende às expectativas. Está também cheia de "irmãos mais velhos" que ficam zangados, amargos e mal-humorados. Eu conheço bem os dois lados. Eu me identifico com os dois.

Todavia, as pessoas estão desesperadas à procura de pais e mães na fé que sejam capazes de abraçar, amar, simpatizar, estar presentes e perdoar livremente. É um amor sem condições, algo sobre o qual o mundo sabe muito pouco. Tornar-se este tipo de pessoa não vem naturalmente. Como escreveu Henri Nouwen:

Tenho de me ajoelhar perante o Pai, colocar meu ouvido contra seu peito e ouvir, sem interrupção, a batida do coração de Deus. Então, e somente então, posso dizer cuidadosamente e muito suavemente o que ouço. Agora sei que tenho de falar sobre a eternidade no tempo, partindo da alegria duradoura para as realidades passageiras de nossa curta existência neste mundo, desde a casa de amor para as casas do medo, da morada de Deus para as habitações de seres humanos.[3]

Pergunta a ser considerada
Quais palavras da citação de Nouwen sobre o filho pródigo falam a você?

Oração
Pai, ajuda-me a ficar calmo e a ouvir-te, a sentir teu abraço e a descansar em teu amor — e a então falar aos outros a partir desse lugar. Em nome de Jesus, amém.

Encerre com silêncio (2 minutos).

Dia 2: Ofício divino do meio-dia/noite
Silêncio, quietude e concentração perante Deus (2 minutos)

Leitura bíblica: Salmo 130
Senhor, das profundezas clamo a ti. Senhor, escuta minha voz; estejam teus ouvidos atentos às minhas súplicas. Senhor, se atentares para o pecado, quem resistirá, Senhor? Mas o perdão está contigo, para que sejas temido. Espero no Senhor, minha alma o espera; em sua palavra eu espero. Espero pelo Senhor mais do que os guardas pelo amanhecer, sim, mais do que os guardas esperam pela manhã! Ó Israel, coloca a esperança no Senhor! Pois no Senhor há amor fiel, e nele há plena redenção; ele remirá Israel de todas as suas maldades.

Devocional

Sou capaz de "esperar no Senhor" — por uma nova oportunidade, bênçãos para os meus filhos, a restauração de uma amizade, uma viagem segura. É muito mais difícil para mim "esperar no Senhor" por nada e simplesmente ficar em silêncio perante ele. No entanto, este é um dos segredos para aprender a amar.

> Embora eu frequentemente tente me submeter, sei que não posso realmente estar presente para outra pessoa quando o meu mundo interior está cheio de preocupações e distrações. Este é um dos maiores desafios que enfrento em estar presente para outras pessoas — estar tranquilo dentro de minha própria alma. A tranquilidade é a pré-condição da presença. Primeiro eu preciso estar tranquilo comigo mesmo para estar tranquilo com outros. E, claro, preciso estar tranquilo perante Deus se quiser aprender a estar tranquilo em mim mesmo. A presença começa com um lugar tranquilo dentro da pessoa. Se eu não tiver esse lugar tranquilo interior, não posso estar presente para os outros.
>
> — David Benner[4]

Pergunta a ser considerada

Qual é o maior desafio que você enfrenta para estar tranquilo perante o Senhor?

Oração

Senhor, confesso a ti que não estou certo do que é tranquilizar e acalmar minha alma perante ti.
Guia-me numa jornada para descobrir esse lugar tranquilo dentro de mim mesmo, e eu seguirei para onde e como me levares. Em nome de Jesus, amém.

Encerre com silêncio (2 minutos).

Dia 3: Ofício divino da manhã/meio-dia

Silêncio, quietude e concentração perante Deus (2 minutos)

Leitura bíblica: Mateus 25:34-36, 40

Então o rei dirá aos que estiverem à sua direita: Vinde, benditos de meu Pai. Possuí por herança o reino que vos está preparado desde a fundação do mundo; porque tive fome, e me destes de comer; tive sede, e me destes de beber; era estrangeiro, e me acolhestes; precisei de roupas, e me vestistes; estive doente, e me visitastes; estava na prisão e fostes visitar-me [...]. E o rei lhes responderá: Em verdade vos digo que sempre que o fizestes a um destes meus irmãos, ainda que dos mais pequeninos, a mim o fizestes.

Devocional

Em 1952, Madre Teresa começou a recolher os moribundos das ruas de Calcutá, Índia. Em 1980, ela e mais de três mil membros de sua ordem, as Missionárias da Caridade, estavam trabalhando em 52 países. Seus ensinos e sua vida nos dão uma profunda visão do que significa seguir Jesus como adultos emocionais e espirituais em nosso mundo. Ela escreveu:

> Eu nunca olho para as massas como responsabilidade minha. Olho somente para o indivíduo. Posso amar somente uma pessoa por vez. Posso alimentar somente uma pessoa por vez. Apenas uma, uma, uma. Nós nos aproximamos de Cristo aproximando-nos uns dos outros. Como disse Jesus: "[o que] fizestes a um destes meus irmãos, ainda que dos mais pequeninos, a mim o fizestes". Por isso, comece [...]. Eu comecei. Eu recolhi uma pessoa [...]. O trabalho todo é apenas uma gota no oceano. Mas, se não colocássemos a gota, o oceano teria uma gota a menos. É o mesmo para você. É o mesmo em sua família. O mesmo na igreja que você frequenta. Apenas comece... um,

um, um! Ao final da vida, não seremos julgados por quantos diplomas recebemos, quanto dinheiro ganhamos ou quantas grandes coisas fizemos. Seremos julgados por "Tive fome, e me destes de comer; precisei de roupas, e me vestistes; eu estava desabrigado, e me acolhestes".[5]

Pergunta a ser considerada
Como você pode começar a ver Jesus Cristo nas pessoas que encontrar nesta semana?

Oração
Senhor, estou quase sempre esmagado pelas necessidades do mundo ao meu redor. Agradeço por tu seres responsável pelo mundo, e não eu. Ajuda-me a ver o indivíduo hoje — o "um, um, um" — para que o mundo e as ações que fluem de minha vida possam refletir tua vida. Em nome de Jesus, amém.

Encerre com silêncio (2 minutos).

Dia 3: Ofício divino do meio-dia/noite
Silêncio, quietude e concentração perante Deus (2 minutos)

Leitura bíblica: Lucas 10:30-37
E Jesus lhe respondeu: Um homem descia de Jerusalém para Jericó, e caiu na mão de assaltantes, que o roubaram e, depois de espancá-lo, foram embora, deixando-o quase morto. Por acaso, um sacerdote descia pelo mesmo caminho e, vendo-o, passou longe. De igual modo, também um levita chegou àquele lugar e, quando o viu, passou longe. Mas um samaritano, que ia de viagem, aproximou-se e, vendo-o, encheu-se de compaixão; e chegou perto dele, enfaixou suas feridas, aplicando-lhes azeite e vinho; e, pondo-o sobre a sua própria montaria, levou-o para uma hospedaria e cuidou dele. No dia seguinte, pegou dois

denários, entregou-os ao hospedeiro e disse: Cuida dele; quando voltar, te pagarei tudo o que gastares a mais. Qual desses três te parece ter sido o próximo do que caiu na mão dos assaltantes? O doutor da lei respondeu: Aquele que teve misericórdia dele. Então Jesus lhe disse: Vai e faze o mesmo.

Devocional

O grande teólogo judeu Martin Buber descreveu o relacionamento mais saudável ou maduro possível entre dois seres humanos como um relacionamento "Eu-Tu". Nesse tipo de relacionamento, eu reconheço que sou feito à imagem de Deus, da mesma forma que outras pessoas também são. Isso as torna "Tu"[6] para mim. Elas têm dignidade e valor, e devem ser tratadas com respeito. Eu declaro que elas têm uma existência única e separada da minha.

Na maioria de nossos relacionamentos, entretanto, tratamos as pessoas como objetos — como uma "coisa". Num relacionamento com coisas, eu trato você como um meio para um fim — da mesma maneira que usaríamos uma escova de dentes ou um carro. Eu converso com as pessoas para tirar algo de dentro de mim, não para estar com elas como indivíduos. Eu falo sobre pessoas — figuras de autoridade, pessoas que estão no noticiário e assim por diante — como se elas fossem sub-humanas. E fico frustrado quando as pessoas não se encaixam em meus planos ou não veem as coisas como eu vejo.

O sacerdote e o levita não fizeram a conexão de que a maturidade emocional (o aprendizado do amor) o amor a Deus são inseparáveis. Eles omitiram o "Tu" que jazia à margem da estrada e simplesmente passaram por ele.[7]

Pergunta a ser considerada

Reserve alguns momentos para pensar sobre as pessoas que você encontrará hoje. Para você, como seria reduzir o ritmo e tratar a cada uma delas como "Tu", e não como coisa"?

Oração

Senhor Jesus Cristo, Filho de Deus, tem misericórdia de mim. Estou consciente, Senhor, do quanto trato as pessoas como "coisa". Ajuda-me a ver cada pessoa que encontro com os olhos e o coração de Cristo. Em nome de Jesus, amém.

Encerre com silêncio (2 minutos).

Dia 4: Ofício divino da manhã/meio-dia

Silêncio, quietude e concentração perante Deus (2 minutos)

Leitura bíblica: Lucas 7:36-39

Certa vez, um dos fariseus convidou Jesus para comer com ele; Jesus, então, entrando na casa do fariseu, sentou-se à mesa. E havia uma mulher pecadora na cidade. Quando soube que Jesus estava à mesa na casa do fariseu, ela trouxe um vaso de alabastro com perfume; e pondo-se atrás dele e chorando aos seus pés, começou a molhar-lhe os pés com as lágrimas e a enxugá-los com os cabelos; e beijava-lhe os pés e derramava o perfume sobre eles. Mas, ao ver isso, o fariseu que o convidara disse consigo mesmo: Se este homem fosse profeta, saberia quem o está tocando e que espécie de mulher ela é, pois é uma pecadora.

Devocional

O fariseu não viu a mulher pecadora como um ser humano amado por Deus. Ele viu uma pecadora, uma interrupção e alguém sem o direito de estar à mesa de jantar. Jesus a viu de forma muito diferente.

> O amor brota da consciência. É somente na medida em que você vê alguém como ele ou ela realmente é aqui e agora, e não como eles estão na sua memória, seu desejo, sua imaginação ou projeção que você pode realmente amá-los; caso contrário, não é a pessoa que você ama, mas a ideia que você formou

desta pessoa, ou essa pessoa como o objeto de seu desejo, não como ele ou ela são em si mesmos.

Portanto, o primeiro ato de amor é ver esta pessoa ou este objeto, esta realidade como verdadeiramente é. E isso envolve a enorme disciplina de abandonar seus desejos, seus preconceitos, suas memórias, suas projeções, sua maneira seletiva de olhar, uma disciplina tão grande que a maioria das pessoas prefere mergulhar de cabeça em boas ações e serviços do que submeter-se ao fogo abrasador desse ascetismo [...]. Então, o primeiro ingrediente do amor é realmente ver o outro.

O segundo ingrediente é igualmente importante: ver a si mesmo, direcionar impiedosamente o feixe de luz da consciência sobre suas motivações, emoções, necessidades, desonestidade, egoísmo, sua tendência a controlar e manipular.

— Anthony De Mello[8]

Pergunta a ser considerada
O que às vezes distrai você de ver as pessoas como realmente elas são?

Oração
Senhor, tenho sido perdoado muito mais do que jamais vou me dar conta. Porém ainda me identifico com o fariseu nesta parábola. Ajuda-me a diminuir o ritmo e estar presente contigo e com os outros para que eu possa verdadeiramente ver as pessoas como tu as vês. Em nome de Jesus, amém.

Encerre com silêncio (2 minutos).

Dia 4: Ofício divino do meio-dia/noite
Silêncio, quietude e concentração perante Deus (2 minutos)

Leitura bíblica: Marcos 10:41-44
Ouvindo isso, os dez começaram a indignar-se contra Tiago e João. Então Jesus chamou-os para junto de si e lhes disse: Sabeis

> *que os que são reconhecidos como governantes dos gentios têm domínio sobre eles, e os seus poderosos exercem autoridade sobre eles. Mas entre vós não será assim. Antes, quem entre vós quiser tornar-se grande, será esse o que vos servirá; e quem entre vós quiser ser o primeiro, será servo de todos.*

Devocional

Jesus ensinou que o reino de Deus é um reino de cabeça para baixo. Os discípulos estavam pensando no modelo mundano de poder sobre as pessoas em vez do modelo de poder de Jesus sob as pessoas — para servir.

> Parece mais fácil ser Deus do que amar a Deus, mais fácil controlar as pessoas do que amar as pessoas, mais fácil ser proprietário da vida do que amar a vida.
>
> Jesus pergunta: "Você me ama?" Nós perguntamos: "Podemos nos sentar à tua direita e à tua esquerda em teu reino?" (Mateus 20:21). Desde que a serpente disse: *No dia em que comerdes desse fruto, vossos olhos se abrirão, e sereis como Deus, conhecendo o bem e o mal* (Gênesis 3:5), fomos tentados a substituir o amor pelo poder.
>
> Jesus viveu essa tentação da forma mais agonizante do deserto até a cruz. A longa e dolorosa história da Igreja é a história de pessoas contínua e repetidamente tentadas a escolher o poder ao amor, o controle à cruz, a serem líderes em vez de serem lideradas.
>
> — Henri Nouwen[9]

Pergunta a ser considerada

De que forma você pode abandonar o poder e o controle e, em amor, escolher servir alguém hoje?

Oração

> *Pai, tu sabes o quanto eu luto tentando amar*
> *algumas pessoas difíceis em minha vida. Acho mais*

fácil, como os discípulos, exercer controle e ter poder sobre as pessoas. Enche-me com teu poder para que eu possa servir, em amor, as pessoas que eu encontrar hoje. Em nome de Jesus, amém.

Encerre com silêncio (2 minutos).

Dia 5: Ofício divino da manhã/meio-dia
Silêncio, quietude e concentração perante Deus (2 minutos)

Leitura bíblica: Mateus 7:1-5

Não julgueis, para que não sejais julgados. Porque sereis julgados pelo critério com que julgais e sereis medidos pela medida com que medis. Por que vês o cisco no olho de teu irmão e não reparas na trave que está no teu próprio olho? Ou como dirás a teu irmão: Deixa-me tirar o cisco do teu olho, quando tens uma trave no teu? Hipócrita! Tira primeiro a trave do olho; e então enxergarás bem para tirar o cisco do olho de teu irmão.

Devocional

Do terceiro ao quinto século, os pais do deserto deixaram um rico depósito de sabedoria sobre como uma genuína vida com Deus deve conduzir a um amor maduro e desprovido de atitudes julgadoras para com os outros.

> O monge deve morrer para o seu semelhante e nunca julgá-lo absolutamente de qualquer forma que seja.
>
> Se você estiver ocupado com suas próprias falhas, não terá tempo para ver as do seu próximo.[10]

Nenhum de nós tem dificuldade alguma em dar conselho ou apontar os erros dos outros. Nossa tendência não é permitir que outros estejam perante Deus ou se movam em seu próprio ritmo. Em vez disso, projetamos neles nosso próprio desconforto com a escolha deles de viver de forma diferente da que vivemos. O resultado é que acabamos eliminando-os de nossa mente, seja tentando fazê-los como somos, seja caindo na indiferença do tipo "quem se importa?".

Se eu não tirar primeiro a trave do meu olho, sabendo que tenho enormes pontos cegos, torno-me perigoso. Devo enxergar o grande prejuízo que o pecado fez a cada parte de quem eu sou — emoção, intelecto, corpo, vontade e espírito — antes de tentar remover o cisco do olho do meu irmão.

Pergunta a ser considerada

Deus está pedindo a você que pare de julgar alguém especificamente? Como seria abençoar e estender misericórdia a essa pessoa?

Oração

Aba Pai, perdoa-me por ter tantas opiniões sobre tantas pessoas e julgá-las. Purifica-me e dá-me graça para ver minhas próprias traves em vez de me apressar em julgar os outros. Em nome de Jesus, amém.

Encerre com silêncio (2 minutos).

Dia 5: Ofício divino do meio-dia/noite

Silêncio, quietude e concentração perante Deus (2 minutos)

Leitura bíblica: Mateus 10:28, 34-36

E não temais os que matam o corpo e não podem matar a alma; pelo contrário, temei aquele que pode destruir no inferno tanto a alma como o corpo [...]. Não penseis que vim trazer paz à terra; não vim trazer paz, mas espada. Porque vim causar hostilidade entre o homem e seu pai, entre a filha e a mãe, entre a nora e a sogra; assim, os inimigos do homem serão os de sua própria família.

Devocional

Conflitos não resolvidos são uma das maiores tensões na vida dos cristãos hoje. A maioria de nós os odeia. Não sabemos o que fazer com eles. Preferimos ignorar as questões difíceis e nos contentar com uma falsa paz, esperando contra todas as esperanças que os problemas, de alguma forma, desapareçam. Eles não desaparecem, e nós acabamos tomando as seguintes atitudes:

- Dizer uma coisa na frente das pessoas e outra pelas costas.
- Fazer promessas que não temos intenção de cumprir, culpando os outros ou nos tornando sarcásticos.
- Ceder por medo de não sermos amados.
- Destilar raiva através de críticas sutis.
- Contar apenas meia verdade por não suportar ferir os sentimentos de um amigo.
- Dizer sim quando queremos dizer não.
- Evitar as pessoas dando-lhes o tratamento do silêncio.

No entanto, conflito e dificuldade estiveram no centro da missão de Jesus. Ele rompeu a falsa paz de seus discípulos, das multidões, dos líderes religiosos, dos romanos, dos que compravam e vendiam no templo, e até das famílias.

Jesus compreendeu que não podemos construir seu reino sobre mentiras e fingimentos. Somente a verdade fará isso.[11]

Pergunta a ser considerada

Onde você está experimentando tensão em relacionamentos que você tem medo de romper?

Oração

Senhor, tu sabes que tudo em mim quer fugir da tensão e do conflito, ou pelo menos torcer a verdade em meu favor! Transforma a minha forma de me relacionar com os outros. Ajuda-me a falar a verdade com grande amor e sensibilidade, e que tu sejas honrado e glorificado em meus relacionamentos. Em nome de Jesus, amém.

Encerre com silêncio (2 minutos).

Notas

[1] SCAZZERO, Peter. *Espiritualidade emocionalmente saudável*, p. 239.

[2] Ibidem, p. 179, 180.

[3] NOUWEN, Henri. *A volta do filho pródigo*. São Paulo, Paulinas, 1999.

[4] BENNER, David G. *Sacred Companions: The gift of spiritual friendship and direction* [Santos companheiros: o dom da amizade e da direção espiritual. Downers Grove: InterVarsity, 2002, p. 47.

[5] COLLOPY, Michael. *Works of love are works of peace: mother Teresa of Calcutta and the Missionaires of Charity* [Obras de amor são obras de paz: Madre Teresa de Calcutá e os Missionários da Caridade]. San Francisco: Ignatius, 1996, p. 35.

[6] O pronome aqui usado por Buber é *Thou* em inglês, e não *You*. O pronome *Thou* é usado na linguagem poética ou bíblica referindo-se principalmente a Deus, indicando grande respeito. [N. do T.]

[7] SCAZZERO, Peter. *Espiritualidade emocionalmente saudável*, p. 224, 225.

[8] DE MELLO, Anthony. *The way to love: the last meditations of Anthony De Mello* [O caminho para o amor: últimas meditações de Anthony De Mello. New York: Doubleday, Image Books, 1995, p. 131, 132.

[9] NOUWEN, Henri. *In the name of Jesus*, p. 59, 60.

[10] Citado em WILLIAMS, Rowan. *Where God happens: discovering Christ in one another* [Onde Deus acontece: Descobrindo Cristo uns nos outros]. Boston: Shambhala, 2005, p. 14.

[11] Para uma discussão completa, v. SCAZZERO, Peter. *Espiritualidade emocionalmente saudável*, p. 228-239.

8

O PRÓXIMO PASSO: DESENVOLVA UMA "REGRA DE VIDA"

Ofícios divinos
Oitava semana

Dia 1: Ofício divino da manhã/meio-dia

Silêncio, quietude e concentração perante Deus (2 minutos)

Leitura bíblica: Daniel 1:3-5, 8

> Então o rei disse a Aspenaz, chefe dos seus oficiais, que trouxesse alguns dos israelitas da família real e dos nobres, jovens sem defeito algum, de boa aparência, dotados de sabedoria, inteligência e instrução, e com capacidade para servir no palácio do rei; e disse-lhe que lhes ensinasse a cultura e a língua dos babilônios. O rei lhes determinou a porção diária das iguarias do rei, e do vinho que ele bebia, e que assim fossem alimentados por três anos, para que, no fim destes, pudessem servir diante do rei [...]. Porém Daniel decidiu não se contaminar com a porção das iguarias do rei, nem com o vinho que ele bebia. Então pediu permissão ao chefe dos oficiais para não se contaminar.

Devocional

O rei Nabucodonosor e seus exércitos babilônicos conquistaram Jerusalém e levaram a maior parte dos habitantes da cidade como escravos. Um dos que foram levados foi um jovem adolescente chamado Daniel. A Babilônia tinha um simples objetivo: eliminar a distinção de Daniel como seguidor de Deus e fazê-lo absorver os valores culturais deles — e de seus deuses.

Como Daniel resistiu ao enorme poder da Babilônia? Ele não era um monge enclausurado vivendo atrás dos muros. Ele tinha pesadas responsabilidades de trabalho e muitas pessoas dando-lhe ordens, um suporte mínimo de apoio e, imagino, uma longa lista de coisas a fazer cada dia.

Daniel tinha também um plano, uma "Regra de Vida". Ele não deixou que o desenvolvimento de sua vida interior mudasse, sabendo contra o que ele lutava. Embora conheçamos poucos detalhes, é claro que ele orientou toda a sua vida em torno do amor a Deus, renunciando a certas atividades, como comer do alimento do rei (Daniel 1), e se empenhou em outras, como o ofício divino (Daniel 6). De alguma forma Daniel conseguiu alimentar-se espiritualmente e transformou-se num extraordinário homem de Deus — apesar do seu ambiente hostil.[1]

Pergunta a ser considerada
Qual é o seu plano em meio ao seu dia atarefado, para não deixar que o estímulo de sua vida interior com Deus mude?

Oração
> Senhor, só preciso estar contigo — durante um longo tempo. Posso ver que existem muitas coisas em mim que precisam mudar. Mostra-me um pequeno passo que eu possa dar hoje para começar a construir uma vida em torno de ti. Senhor, ajuda-me a desenvolver um plano eficiente em minha vida para prestar atenção a ti enquanto estou trabalhando, descansando, estudando ou orando. Em nome de Jesus, amém.
>
> *Encerre com silêncio* (2 minutos).

Dia 1: Ofício divino do meio-dia/noite

Silêncio, quietude e concentração perante Deus (2 minutos)

Leitura bíblica: Salmo 73:12-17, 25

> Os ímpios são assim; sempre seguros, aumentam suas riquezas. Por certo é em vão que tenho mantido puro o coração e lavado as mãos na inocência, pois todo dia tenho sido afligido, e castigado a cada manhã. Se eu tivesse dito: Falarei como eles, eu teria traído a geração de teus filhos. Quando me esforçava para compreender isso, achei que era uma tarefa muito difícil para mim, até que entrei no santuário de Deus. Então compreendi o destino deles [...]. Quem mais eu tenho no céu, senão a ti? E na terra não desejo outra coisa além de ti.

Devocional

O cristianismo não é um conjunto de convicções intelectuais, e sim, um relacionamento de amor com Deus. Nós precisamos fazer o que o salmista fez no Salmo 73 — entrar no santuário de Deus e ficar a sós com ele. Isto se aplica especialmente quando estamos no meio de sofrimento e trevas.

Os ditos dos Pais do Deserto vêm de homens e mulheres que fugiram para o deserto como um santuário para buscarem a Deus de todo coração. Eles acabaram formando comunidades em torno de uma "Regra de Vida". A seguir estão alguns ensinos que eles deixaram para nós. Leia-os calmamente e em atitude de oração. (Uma "cela" é um termo antigo para um lugar calmo, separado para estar com Deus.)

Pai Antônio disse: "Assim como o peixe morre se ficar muito tempo fora da água, os monges que se demoram fora de suas celas ou passam o tempo com homens do mundo perdem a intensidade da paz interior. Assim como um peixe que vai em direção ao mar, devemos nos apressar para chegar à nossa cela, temendo que se nos demorarmos fora perderemos nossa vigilância".[2]

Pai Pastor disse: "Qualquer provação que venha sobre você pode ser vencida pelo silêncio".[3]

Certo irmão foi até o abade Moisés de Scete e pediu-lhe um bom conselho. E o ancião lhe disse: "Vá, sente-se em sua cela, e sua cela lhe ensinará tudo".[4]

Pergunta a ser considerada

Como e por que você pensa que encontrar tempo a sós com Deus em silêncio poderia lhe "ensinar tudo"?

Oração

Senhor, tu sabes quão fácil e rapidamente perco meu senso de ti. Concede-me a graça para o restante de hoje silenciar os ruídos exteriores ao meu redor para que eu possa ouvir a cordialidade de tua voz. Em nome do Pai, do Filho e do Espírito Santo, amém.

Encerre com silêncio (2 minutos).

Dia 2: Ofício divino da manhã/meio-dia
Silêncio, quietude e concentração perante Deus (2 minutos)

Leitura bíblica: Atos 2:42-47

E eles perseveravam no ensino dos apóstolos e na comunhão, no partir do pão e nas orações. Em cada um havia temor, e muitos sinais e feitos extraordinários eram realizados pelos apóstolos. Todos os que criam estavam unidos e tinham tudo em comum. Vendiam suas propriedades e bens, e os repartiam com todos, segundo a necessidade de cada um. E perseverando de comum acordo todos os dias no templo, e partindo o pão em casa, comiam com alegria e simplicidade de coração, louvando a Deus e contando com o favor de todo o povo. E o Senhor lhes acrescentava a cada dia os que iam sendo salvos.

Devocional

Meu argumento central é que podemos nos tornar semelhantes a Cristo fazendo uma coisa: seguindo-o no estilo de vida que ele escolheu para si. Se temos fé em Cristo, devemos crer que ele sabia como viver. Nós podemos, por meio da fé e da graça, nos tornar como Cristo praticando os tipos de atividades nas quais ele se envolveu, organizando toda a nossa vida em torno de atividades que ele mesmo praticou para permanecermos constantemente à vontade na comunhão de seu Pai.

Que atividades Jesus praticou? Solidão e silêncio, oração, vida simples e de sacrifício, estudo intenso e meditação na Palavra de Deus e em seus caminhos, bem como no serviço aos outros. Alguns destes serão certamente ainda mais necessários a nós do que foram a ele, devido a nossa necessidade maior ou diferente [...].

Por isso, se desejarmos seguir a Cristo — e andar no jugo suave com ele — teremos de aceitar todo o seu modo de vida como nosso modo de vida totalmente. Então, e somente então, podemos esperar sensatamente conhecer por experiência quão suave é o jugo e leve é o fardo.

— Dallas Willard[5]

Pergunta a ser considerada
O que você sentiu ao ler sobre o estilo de vida dos cristãos primitivos em Atos e a maneira como eles procuravam seguir a vida de Jesus?

Oração
Senhor, tu dizes que o teu jugo é suave e o teu fardo é leve (Mateus 11:30), *no entanto minha vida parece ser constantemente pesada para mim. Mostra-me as atividades, decisões, prioridades e relacionamentos que não queres para mim hoje. Submeto minha vida ao teu senhorio e direção este dia. Em teu nome, amém.*

Encerre com silêncio (2 minutos).

Dia 2: Ofício divino do meio-dia/noite
Silêncio, quietude e concentração perante Deus (2 minutos)

Leitura bíblica: Salmo 63:1-5
Ó Deus, tu és o meu Deus; eu te busco ansiosamente. Minha alma tem sede de ti; meu ser anseia por ti em uma terra seca e exaurida, onde não há água. Assim, eu te contemplo no santuário, para ver teu poder e tua glória. Meus lábios te louvarão, pois teu amor é melhor que a vida. Assim eu te bendirei enquanto viver; em teu nome levantarei as minhas mãos. A minha alma

se farta, como numa mesa de carnes; a minha boca te louva com alegria nos lábios.

Devocional

Gregório de Nissa, o grande bispo e teólogo do século 4, argumentou que existe em nós um incessante anseio pela infinita beleza e esplendor de Deus. Ele escreveu: "Somos levados a Deus pelo desejo. Somos puxados para cima como se fosse por uma corda". Quando a alma tem um relance da beleza de Deus, ela anseia por ver mais. Os escritos desse teólogo estão cheios de imagens que descrevem nosso anseio por Deus: um amante pedindo o beijo de outro, uma pessoa tendo o gosto da doçura que pode ser somente satisfeito por outro gosto, a tontura que alguém sente à borda de um precipício ao olhar o vasto espaço.

Gregório compara a contemplação de Deus a uma pessoa contemplando uma fonte que brota da terra:

> Ao se aproximar de uma fonte, você ficaria maravilhado vendo a água interminável, com seu jorrar constante. No entanto, você não poderia dizer ter visto toda a água. Como poder ver o que ainda estava oculto no seio da terra? Portanto, não importa quanto tempo você pudesse estar junto à fonte, sempre estaria começando a ver a água [...]. O mesmo acontece com alguém que fixa o olhar na infinita beleza de Deus. Ela está sendo constantemente descoberta mais uma vez, e sempre parece nova e estranha em comparação com o que a mente já compreendeu. E como Deus continua a se revelar, o homem continua a se maravilhar; e ele nunca esgota seu desejo de ver mais, desde que o que ele está esperando é sempre mais magnificente, mais divino, de tudo o que já viu.[6]

Pergunta a ser considerada

Onde você pode achar tempo em sua semana para "contemplar a infinita beleza de Deus"?

Oração

Senhor, concede-me um vislumbre ainda mais rico de tua infinita beleza e graciosidade este dia. Em nome de Jesus, amém.

Encerre com silêncio (2 minutos).

Dia 3: Ofício divino da manhã/meio-dia
Silêncio, quietude e concentração perante Deus (2 minutos)

Leitura bíblica: 1 Tessalonicenses 5:16-22

Alegrai-vos sempre. Orai sem cessar. Sede gratos por todas as coisas, pois essa é a vontade de Deus em Cristo Jesus para convosco. Não apagueis o Espírito; não desprezeis as profecias, mas, examinando tudo, conservai o que é bom. Evitai tudo que é mau.

Devocional

Fogo

O que faz o fogo queimar
É o espaço entre os troncos,
Um espaço para respirar.
Muito de uma coisa boa,
Muitos troncos juntos
Apertados demais
Podem apagar as chamas
Tão certo como um balde de água.
Por isso, acender fogo
Requer atenção aos espaços
Tanto quanto à madeira.
Quando podemos abrir espaços
Da mesma forma que aprendemos a empilhar os troncos,
Então podemos ver como é o combustível,
E a ausência do combustível,
Que torna o fogo possível.[7]

Pergunta a ser considerada
Que tipo de diferença "abrir espaços" poderia fazer em sua vida?

Oração
> Senhor, eu preciso de espaço para respirar. Há muita coisa acontecendo em minha vida, troncos demais no fogo. Ensina-me a criar espaço em minha vida, e que o fogo de tua presença queime em e mim por meio de mim. Em nome de Jesus, amém.
>
> Encerre com silêncio (2 minutos).

Dia 3: Ofício divino do meio-dia/noite
Silêncio, quietude e concentração perante Deus (2 minutos)

Leitura bíblica: Salmo 27:3-4
> *Ainda que um exército se acampe contra mim, meu coração não temerá; ainda que a guerra se levante contra mim, ficarei confiante. Pedi uma coisa ao SENHOR, e a buscarei: que eu possa morar na casa do SENHOR todos os dias da minha vida, para contemplar o esplendor do SENHOR e meditar no seu templo.*

Devocional
O mais intrigante nesse salmo é que Davi o escreve quando se encontra cercado por exércitos e inimigos para matá-lo e à sua família. Ele não pede vitória, sabedoria ou que as circunstâncias sejam mudadas. Em vez disso, Davi se mantém tranquilo para buscar Deus, para habitar com ele e refletir em sua beleza.

> Todos nós precisamos de uma oportunidade para estar a sós e em silêncio, ou até mesmo para achar espaço no dia ou na semana apenas para refletir e ouvir a voz de Deus que fala dentro

de nós [...]. De fato, nossa busca por Deus é apenas nossa resposta à busca dele por nós. Ele bate à nossa porta, mas muitos estão preocupados demais para ouvir.

— Cardeal Basil Hume[8]

Pergunta a ser considerada
De que forma pode Deus estar procurando por você hoje — batendo à porta da sua vida?

Oração
Senhor, parte de mim deseja muito estar a sós contigo. Outra parte quer fugir e evitar estar contigo a todo custo. Agradeço por esta oportunidade hoje de parar e ouvir-te. Obrigado por continuar batendo à minha porta — especialmente quando estou ansioso demais ou distante para ouvir-te. Concede-me, eu oro, um coração como o de Davi — que anseia genuinamente por ti acima de tudo nesta vida. Em nome de Jesus, amém.

Encerre com silêncio (2 minutos).

Dia 4: Ofício divino da manhã/meio-dia
Silêncio, quietude e concentração perante Deus (2 minutos)

Leitura bíblica: Salmo 119:27-32
Faze com que eu entenda o caminho dos teus preceitos; assim meditarei nas tuas maravilhas. Minha alma esvai-se de tristeza; fortalece-me segundo tua palavra. Desvia de mim o caminho da falsidade e, por teu amor, mostra-me tua lei. Escolhi o caminho da fidelidade; coloquei tuas ordenanças diante de mim. Ó Senhor, eu me apego aos teus testemunhos; que eu não seja envergonhado. Percorrerei o caminho dos teus mandamentos, quando ampliares minha compreensão.

Devocional

A mais famosa "Regra de vida" do mundo ocidental é a Regra de São Bento, escrita no século 6. Num mundo sem parada, distraído como o nosso, uma "Regra de vida" traz equilíbrio e simplicidade, convidando-nos a uma vida que busca tudo na medida adequada: trabalho, oração, solidão e relacionamentos.

Bento começa sua Regra com um apelo a ouvir e um convite à rendição a Deus:

> Ouça cuidadosamente, meu filho, as instruções do mestre, e atenda-as com o ouvido do teu coração. Este é um conselho de um pai que o ama; receba-o e o coloque em prática fielmente. O trabalho da obediência o trará de volta para ele, de quem você se desviou pela indolência da desobediência. Esta minha mensagem é para você, então, se você estiver pronto a abrir mão de sua própria vontade, de uma vez por todas, e armado com as fortes e nobres armas da obediência para batalhar pelo verdadeiro rei, Cristo o Senhor [...].
>
> Portanto, pretendemos estabelecer uma escola para o serviço do Senhor [...]. Não se intimide imediatamente nem fuja da estrada que conduz à salvação. É forçoso que ela seja estreita no início. Mas, à medida que avançamos neste caminho de vida e na fé, vamos percorrer o caminho dos mandamentos de Deus, o coração transbordando com a inefável alegria do amor.[9]

Pergunta a ser considerada

O que seria para você "percorrer a trilha dos mandamentos de Deus"?

Oração

Senhor, tu sabes que o meu mundo pode ser sem parada e complexo. Ajuda-me a equilibrar as exigências que virão sobre mim hoje, lembrando-me de ti enquanto trabalho e mantendo-te no centro de tudo o que eu fizer. Em nome de Jesus, amém.

Encerre com silêncio (2 minutos).

Dia 4: Ofício divino do meio-dia/noite
Silêncio, quietude e concentração perante Deus (2 minutos)

Leitura bíblica: Salmo 139:1-6

Senhor, tu me sondas e me conheces. Sabes quando me sento e quando me levanto; conheces de longe o meu pensamento. Examinas o meu andar e o meu deitar; conheces todos os meus caminhos. Antes mesmo que a palavra me chegue à língua, tu, Senhor, já a conheces toda. Tu estás ao meu redor e sobre mim colocas a tua mão. Tal conhecimento é maravilhoso demais para mim; elevado demais para que eu possa alcançá-lo.

Devocional

São Patrício (389-461 d.C.), nascido na Grã-Bretanha e criado como cristão, foi vendido como escravo para a Irlanda durante seis anos. Após sua fuga, tornou-se um bispo ordenado e retornou à Irlanda, viajando muito, evangelizando sem descanso e organizando igrejas e mosteiros. Sua missão na Irlanda marcou uma importante reviravolta na história de missões do Império Romano.[10]

Oração de São Patrício
Levanto-me hoje
Pela força de Deus a me guiar;
Que o poder de Deus me sustente,
Sua sabedoria me guie,
Seus olhos olhem à minha frente,
Seus ouvidos me ouçam,
Sua palavra me fale,
Sua mão me guarde,
Seu caminho esteja diante de mim,

Seu escudo me proteja,
Seus exércitos me salvem
Das armadilhas do diabo,
Das tentações dos vícios,
De todos os que me desejam o mal,
De longe e de perto,
Só ou numa multidão...
Cristo comigo, Cristo à minha frente, Cristo atrás de mim,
Cristo em mim, Cristo embaixo de mim, Cristo acima de mim,
Cristo à minha direita, Cristo à minha esquerda,
Cristo ao me deitar,
Cristo ao me sentar,
Cristo ao me levantar,
Cristo no coração de todos os que pensarem em mim,
Cristo na boca de todos os que falarem de mim,
Cristo em todos os olhos que me virem,
Cristo em todos os ouvidos que me ouvirem.

Levanto-me neste dia
Por uma grande força, pela invocação da Trindade,
Pela fé na Trindade,
Pela confissão da Unidade
Do criador da criação.[11]

Pergunta a ser considerada
Quais linhas da oração de São Patrício falam a você? Leve-as em seu coração hoje.

Oração
Senhor, obrigado por tua tranquilizadora presença que me cerca. Isto é difícil demais para eu compreender! Pelo Espírito Santo, aumenta minha capacidade de permanecer consciente de tua presença no restante deste dia. Em nome de Jesus, amém.

Encerre com silêncio (2 minutos).

Dia 5: Ofício divino da manhã/meio-dia
Silêncio, quietude e concentração perante Deus (2 minutos)

Leitura bíblica: Romanos 8:14-17

Pois todos os que são guiados pelo Espírito de Deus são filhos de Deus. Porque não recebestes um espírito de escravidão para vos reconduzir ao temor, mas o Espírito de adoção, pelo qual clamamos: Aba, Pai! O próprio Espírito dá testemunho ao nosso espírito de que somos filhos de Deus. Se somos filhos, também somos herdeiros, herdeiros de Deus e coerdeiros de Cristo, se é certo que sofremos com ele, para que também com ele sejamos glorificados.

Devocional

Jesus se dirigia constantemente ao Todo-poderoso, eterno e infinito Javé como "Aba", uma palavra íntima, afetuosa e familiar que uma criança usaria — como "Papai". O centro do evangelho é que Jesus dá aos seus discípulos a autoridade de se dirigirem a Deus como Pai. Por meio de Jesus, nós também somos filhos de "Aba", Pai.

> A espiritualidade contemplativa nos move na direção de um relacionamento mais maduro com Deus. Progredimos da atitude "me dá, me dá, me dá" de uma criancinha para uma forma mais madura de nos relacionarmos com Deus na qual nos deleitamos em estar com ele como nosso "Aba, Pai". A progressão deste movimento pode ser discriminada da seguinte maneira:
>
> - Falar com Deus: Este é simplesmente um papaguear que nossos pais ou autoridades nos ensinaram a orar. Por exemplo: "Abençoa-me, Senhor, por estas tuas bênçãos, que estamos prestes a receber por meio de Cristo nosso Senhor, amém".
> - Conversar com Deus: Ficamos mais à vontade encontrando nossas próprias palavras para falar com Deus, em vez de usar

as orações prontas de nossa infância. Por exemplo: "Dá-me, dá-me, dá-me mais, ó Deus".
- Ouvir Deus: A esta altura começamos a ouvir Deus e a desfrutar de um relacionamento de duas vias com ele.
- Estar com Deus: Finalmente, simplesmente desfrutamos estar na presença de Deus — que nos ama. Isto é muito mais importante do que qualquer atividade especial que possamos fazer para ele. Sua presença torna a vida toda gratificante.[12]

Pergunta a ser considerada
Que temores você está carregando e quer entregar ao seu Aba Pai hoje?

Oração
Senhor, creio que viver uma vida em tua presença é o que torna a vida toda gratificante. Só não tenho certeza de como chegar a esse ponto em minha caminhada espiritual. Quero crescer além do relacionamento "me dá, me dá" contigo. Enche-me com o Espírito Santo para que eu possa aprender a estar contigo e parar de ir a ti em busca de suas dádivas e bênçãos. Em nome de Jesus, amém.

Encerre com silêncio (2 minutos).

Dia 5: Ofício divino do meio-dia/noite
Silêncio, quietude e concentração perante Deus (2 minutos)

Leitura bíblica: 1João 4:7-12
Amados, amemos uns aos outros, porque o amor é de Deus, e todo aquele que ama é nascido de Deus e conhece a Deus. Aquele que não ama não conhece a Deus, porque Deus é amor. O amor de Deus para conosco manifestou-se no fato de Deus ter enviado seu Filho unigênito ao mundo para que vivamos por meio dele.

Nisto está o amor: não fomos nós que amamos a Deus, mas foi ele quem nos amou e enviou seu Filho como propiciação pelos nossos pecados. Amados, se Deus nos amou assim, nós também devemos amar uns aos outros. Ninguém jamais viu a Deus; se amamos uns aos outros, Deus permanece em nós, e seu amor é em nós aperfeiçoado.

Devocional

Deus tem um caminho diferente para cada um de nós. Minha oração final é que você seja fiel ao seu próprio caminho. É uma tragédia viver a vida de outra pessoa.

Eu sei disso. Foi o que fiz durante anos.

Eu gostaria de terminar nosso momento juntos com uma história sobre Carlo Caretto. Ele viveu durante dez anos no norte da África entre muçulmanos, na comunidade Pequenos Irmãos de Jesus. Ele escreveu que um dia estava viajando de camelo no deserto do Saara e deparou com cerca de cinquenta homens trabalhando debaixo do sol quente para reparar uma estrada. Quando Carlo lhes ofereceu água, para surpresa sua, viu entre eles seu amigo Paul, outro membro de sua comunidade cristã.

Paul fora engenheiro em Paris trabalhando em uma bomba atômica para a França. Deus o chamara para deixar tudo e tornar-se um Pequeno Irmão no norte da África. Em certo ponto, a mãe de Paul pedira ajuda a Carlo para compreender a vida de seu filho.

— Eu fiz dele um engenheiro — queixou-se ela. — Por que ele não pode trabalhar como intelectual na igreja? Isso não seria mais útil?

Paul sentia-se contente em orar e se sentir invisível por Cristo no deserto do Saara.

Carlo então passou a se questionar: "Qual é o meu lugar na grande obra evangelizadora da Igreja?". Ele responde à sua própria pergunta:

Meu lugar era lá — entre os pobres. Outros teriam a tarefa de construir, alimentar, pregar [...]. O Senhor me pediu para ser um homem pobre entre os pobres, um trabalhador entre os trabalhadores.

É difícil julgar os outros [...]. Mas a única verdade à qual devemos nos agarrar desesperadamente é o amor.

É o amor que justifica nossas ações. O amor deve iniciar tudo o que fazemos. O amor é o cumprimento da lei.

Se pelo amor Irmão Paul escolheu morrer numa estrada no deserto, então ele é justificado.

Se pelo amor [...] outros constroem escolas e hospitais, eles são justificados. Se pelo amor Tomás de Aquino passou a vida entre livros, ele foi justificado [...].

Posso apenas dizer: "Viva o amor, deixe que o amor invada você. Ele nunca deixará de ensinar o que você deve fazer".[13]

Pergunta a ser considerada

O que seria o amor de Deus invadir e encher você, guiando-o ao que você "deve fazer"?

Oração

Senhor, posso perceber que existem muitas coisas em mim que precisam mudar. Que o teu amor me invada. Dá-me coragem para seguir fielmente teu único caminho para minha vida — não importa para onde ele possa levar e independentemente das mudanças que queiras fazer em mim. Em nome de Jesus, amém.

Encerre com silêncio (2 minutos).

Notas

[1] SCAZZERO, Peter. *Espiritualidade emocionalmente saudável*, p. 243, 244

[2] WARD, Benedicta. *The sayings of the Desert Fathers* [Palavras dos Pais do Deserto]. Kalamazoo: Cistercian, 1975, p. 3.

[3] MERTON, Thomas. *A sabedoria do deserto*, p. 122.

[4] Ibidem, p. 44.

[5] WILLARD, Dallas. *Spirit of the disciplines: understanding how God changes lives* [O espírito das disciplinas: entendendo como Deus muda vidas]. San Francisco: Harper & Row, 1988, p. ix, 8.

[6] Citado em WILKEN, Robert Louis. *The spirit of early Christian thought: seeking the face of God* [O espírito do pensamento cristão primitivo: buscando a face de Deus]. New Haven: Yale University Press, 2003, p. 302.

[7] BROWN, Judy. *Fire* [Fogo]. Amplamente disponível na Internet; ver, por exemplo, www.judysorumbrown.com/blog/breathing-space. Usado com permissão.

[8] Citado em DE WAAL, Esther. *Lost in wonder: rediscovering the spiritual art of attentiveness* [Maravilhado: redescobrindo a arte espiritual da atenção]. Collegeville: Liturgical Press, 2003, p. 21.

[9] FRY, Timothy. *Rule of St. Benedict 1980* [Regra de São Bento 1980], p. 15, 18, 19.

[10] IRVIN, Dale T e Scott W. SUNQUIST. *História do movimento cristão mundial: Volume 1: Do cristianismo primitivo a 1453*. São Paulo: Paulus, 2004.

[11] Adaptado da versão da famosa oração de São Patrício encontrada em: www.ewtn.com/Devotional/prayers/patrick.htm.

[12] THIBODEAUX, Mark E. *Armchair mystic: easing into contemplative prayer* [Poltrona mística: facilitando a oração contemplativa]. Cincinnati: St. Antony's Press, 2001, cap. 2.

[13] CARETTO, Carlo. *Letters from the desert, anniversary edition* [Cartas do deserto. Edição comemorativa]. Maryknoll: Orbis Books, 1972, 2002, p. 108, 110, 123.

APÊNDICE A:
A Oração do Senhor

Medite em cada frase. Não tenha pressa; faça uma pausa em cada linha.

Pai nosso

que estás no céu,

santificado seja o teu nome;

venha o teu reino,

seja feita a tua vontade,

assim na terra como no céu;

o pão nosso de cada dia nos dá hoje;

e perdoa-nos as nossas dívidas,

assim como também temos perdoado aos nossos devedores;

e não nos deixes entrar em tentação;

mas livra-nos do mal ("do maligno").

Apêndice B:
Um guia para fazer a Oração do Senhor

A oração do Senhor é uma obra prima da mente infinita do próprio Deus. Ela tem sido corretamente chamada de um dos maiores presentes de Jesus para nós. O guia a seguir foi distribuído para a igreja New Life como um ofício divino após uma série de sermões "Aprendendo a orar: A Oração do Senhor" de Pete Scazzero. Estas mensagens podem ser encontradas online em www.emotionallyhealthy.org, somente em inglês.

Pai nosso

Obrigado, Senhor, pelo fato de não seres apenas meu Pai, mas o nosso Pai. Eu te agradeço por fazer parte de uma família mundial que é internacional, intercultural, inter-racial e interdenominacional, uma família que inclui todos os crentes genuínos que te conheceram ao longo da história. Senhor, ajuda-me a amar todos nesta grande família da qual faço parte. Abençoa tua igreja no mundo todo.

O Credo Niceno definiu a fé cristã ortodoxa no mundo todo durante mais de dezesseis séculos. Ele descreve os limites da crença cristã e nos fornece uma medida para a leitura correta das Escrituras. Em atitude de oração, reflita sobre a natureza radical do que cremos sobre nosso Deus e as riquezas da nossa salvação em Cristo, como está expressa aqui no Credo Niceno.

> Creio em Deus Pai Todo-poderoso, criador do céu e da terra, e de todas as coisas visíveis e invisíveis;
>
> e no Senhor Jesus Cristo, o unigênito Filho de Deus, gerado pelo Pai antes de todos os séculos, Deus de Deus, luz da luz,

verdadeiro Deus de verdadeiro Deus, gerado, não feito, de uma só substância com o Pai; pelo qual todas as coisas foram feitas; o qual por nós homens e por nossa salvação, desceu dos céus, foi feito carne pelo Espírito Santo da Virgem Maria, e foi feito homem;

e foi crucificado por nós sob o poder de Pôncio Pilatos. Padeceu e foi sepultado;

e no terceiro dia ressuscitou conforme as Escrituras; subiu ao céu e assentou-se à direita do Pai, e de novo há de vir com glória para julgar os vivos e os mortos, e seu reino não terá fim.

E no Espírito Santo, Senhor e vivificador, que procede do Pai e do Filho, que com o Pai e o Filho conjuntamente é adorado e glorificado, que falou através dos profetas.

Creio na Igreja una, católica e apostólica, reconheço um só batismo para remissão dos pecados; e aguardo a ressurreição dos mortos e da vida do mundo vindouro.

Favor observar: A frase "Igreja una, católica e apostólica" significa "universal" — não a Igreja Católica Romana. É uma referência à realidade de que a igreja de Jesus existe no mundo todo, não simplesmente numa igreja local.

Que estás no céu

Porque não recebestes um espírito de escravidão para vos reconduzir ao temor, mas o Espírito de adoção, pelo qual clamamos: Aba, Pai! (Romanos 8:15)

E, porque sois filhos, Deus enviou ao nosso coração o Espírito de seu Filho, que clama: Aba, Pai. Portanto, tu não és mais escravo, mas filho; e, se és filho, és também herdeiro por obra de Deus. (Gálatas 4:6, 7)

Jesus, faço agora uma pausa para considerar o milagre de que, em teu nome, posso me aproximar do Deus do universo, eterno e infinito, como "Aba (Papai) Pai". Fico extasiado, Jesus, pelo fato de teres me dado teu inestimável relacionamento com o Pai. Obrigado por me adotar, Senhor, e por me dar uma nova identidade central como "filho de Aba (Papai)". Teu amor é além da compreensão humana. Corrija todas as minhas falsas ideias a teu respeito para que eu possa cair livremente em teus braços. Recebo teu infinito amor — um amor que te induz a correr para mim, lançar teus braços em torno de mim e me beijar (Lucas 15:20, 21). Ajuda-me a não temer, abandonar minhas ansiedades e simplesmente ficar à vontade contigo, Aba.

Santificado seja o teu nome

A maior necessidade do mundo é que as pessoas te conheçam, Deus, como realmente és — que o teu nome seja o centro, não o meu. Pai, revela a tua glória como Aba, que estás perto de cada ser humano e és verdadeiramente digno de nossa confiança. Faz isto primeiramente em mim, e então naqueles ao meu redor.

Jesus, tu vieste para revelar o nome de Deus como "Aba", acabando com as nossas muitas percepções erradas a respeito de Deus. Que a verdadeira identidade de Deus possa ser conhecida de todas as pessoas. Que todos (minha família, local de trabalho, igreja, cidade, nação e o mundo) tenham a experiência do teu infinito amor e generosidade como Aba. Que o teu amor nos capacite a confiar em ti — para o bem e para o mal, para o sucesso e nos fracassos, nas alegrias e nas tristezas. Entrego a ti os meus temores e ouço tua voz que me sussurra: "Está tudo bem, e tudo estará bem". Que o mundo todo faça o mesmo.

Venha o teu reino

Senhor, venha o teu reino, não o meu, não o de qualquer outra pessoa. E que ele possa vir primeiro em mim e então para os que estão ao meu redor. Abro cada área da minha vida a teu governo e atividade. Ajuda-me a ver as sementes de mostarda do teu reino ao meu redor. Ensina-me a esperar pacientemente por ti. Ajuda-me, e aos que estão ao meu redor, a não ficarmos desencorajados pelos pequenos começos, ou ficarmos desanimados devido à tua obra parecer oculta. Dá-me olhos para ver como tu vês. Que o teu reino venha e arranque radicalmente o mal — primeiro em mim, e então em minha família, vizinhos, igreja, local de trabalho, cidade, funcionários do governo e no mundo.

Seja feita a tua vontade (assim na terra como no céu)
Senhor, seja feita a tua vontade, não a minha. E que a tua vontade venha primeiro a mim e então aos que estão ao meu redor. Tu sabes o quanto é fácil para mim viver e esquecer tua vontade ou desejos. Ajuda-me, Senhor, a não fugir da tua vontade como fez Jonas. Concede-me coragem para confiantemente me render a ti. Ajuda-me a ouvir-te. Como Thomas Merton orou:

> Senhor meu Deus, não tenho ideia para onde estou indo. Não vejo a estrada à minha frente. Não posso saber com certeza onde ela termina. Nem realmente conheço a mim mesmo, e, ainda que pense seguir tua vontade, não posso ter certeza disso. Mas creio que o desejo de agradar-te de fato te agrada. E espero ter esse desejo em tudo que estou fazendo. Espero nunca vir a fazer algo à parte do teu desejo. E sei que se eu fizer isto tu me guiarás pelo caminho certo, mesmo que eu não saiba nada a respeito desse caminho. Portanto, confio sempre em ti, ainda que pareça perdido e na sombra da morte. Eu não temerei, porque tu estás comigo, e nunca me deixarás enfrentar meus perigos sozinho.[1]

O pão nosso de cada dia nos dá hoje
Aba Pai, peço por aquilo de que preciso fisicamente para permanecer vivo hoje. Reconheço que tudo é uma dádiva de tua mão. Também te peço pelo pão espiritual de que preciso para fazer a tua vontade hoje. Sou totalmente dependente de ti. Tu derramas abundantemente tuas dádivas sobre mim, todavia é fácil para mim tomá-las por certo.

Reserve alguns momentos para lembrar-se de fato de onde vem o seu pão diário — exatamente da mão de Deus. Faça a seguinte oração: Ó Deus, obrigado pela terra, pelo céu e pelas muitas pessoas cujo trabalho duro é o que me possibilita desfrutar a dádiva deste pão (alimento).

E perdoa-nos as nossas dívidas (faltas)

Senhor, eu não tenho amado a ti de todo o meu coração, mente, alma e força. Apaga cada falha do dever por mim cometida contra ti e contra os outros. Eu concordo com Orígenes ao dizer: "Basta dizer que é impossível, enquanto nesta vida, permanecer sem dívidas a cada hora da noite ou do dia". Apaga o quadro-negro dos meus pecados hoje. Impede-me de ser como o fariseu de Lucas 8 que estava confiante em sua própria justiça e olhava com desprezo todos os demais. Ajuda-me a ser como o coletor de impostos, para que eu possa orar humildemente: "Deus, tenha piedade de mim, pecador".

Um dos maiores presentes da Igreja Oriental para nos ajudar a orar é chamado de Oração de Jesus. Reserve alguns momentos para fazer esta oração a Deus vagarosa e reflexivamente, uma palavra de cada vez:

Senhor Jesus Cristo, Filho de Deus, tem piedade de mim, pecador.

Assim como também temos perdoado aos nossos devedores

Aba Pai, tu perdoaste minha enorme dívida de pecado. Tu o fizeste de forma total — apagando o quadro-negro. No entanto, eu luto para perdoar outros. Sou como o servo da parábola de Jesus que, após ter sido perdoado de sua enorme dívida, agarra e começa a sufocar um servo, seu colega, que lhe deve uma dívida muito pequena (Mateus 18:28).

Senhor, concede-me uma experiência de tua misericórdia que seja mais profunda e transformadora. Ensina-me a lamentar minhas perdas onde for necessário. Quebra as cadeias profundamente impregnadas de pecado dentro de mim que desejam se vingar. Concede-me discernimento em todos os passos seguintes que tens para mim. E, o mais importante, faz um milagre dentro de mim por meio do Espírito Santo, para que eu possa estender misericórdia e abençoar _____.

E não nos deixes entrar em tentação

Pai, tu sabes ser difícil para mim levantar-me sob pressão. Reconheço e concordo com teu voto de "nenhuma confiança" em minha competência. Não sou páreo contra o maligno sem ti. Senhor, preciso desesperadamente de ti! Fortalece-me com teu poder e graça. Percebo que estás produzindo eventos e experiências em minha vida para moldar e desenvolver minha fé em ti, e este crescimento quase sempre gira em torno de perdoar outros. No entanto, o maligno busca continuamente interromper meu relacionamento contigo.

ORAÇÃO DE PREPARAÇÃO:
1. Considere as interações e atividades à sua frente hoje.
2. Lembre-se de que você está numa intensa batalha espiritual com o maligno — que busca continuamente separá-lo de Deus.
3. Lembre-se de que Deus não permitirá que você seja tentado além do que possa resistir (1Coríntios 10:13).
4. Ore: "Aba, Pai, eu sou completamente dependente de ti por poder para não entrar em tentação. Ajuda-me a crescer e amadurecer nos desafios que vou enfrentar hoje. Amém".

Mas livra-nos do mal ("do maligno")

E foi expulso o grande dragão, a antiga serpente, chamada diabo e Satanás, que engana todo o mundo... Pois o diabo desceu até vós com grande ira, sabendo que pouco tempo lhe resta...

> O dragão se enfureceu... e saiu para atacar... os que guardam os mandamentos de Deus e mantêm o testemunho de Jesus. (Apocalipse 12:9, 12b, 17)

Senhor, tu estás certo, eu tenho um poderoso inimigo demoníaco que procura me seduzir para um abismo e me dominar. Arrebata-me da mão do inimigo! Resgata-me do desejo de Satanás de destruir minha fé. Ajuda-me a discernir as tentações de Satanás que vêm sobre mim. Ensina-me a esperar em ti quando, como Jesus, sou tentado no deserto. Coloco minha confiança em ti, Pai, para cuidar de mim hoje. Tu falas a verdade ao dizer: aquele que está em vós é maior do que aquele que está no mundo (1João 4:4). Por isso afirmo com o rei Davi: *Não tenho medo de milhares que me cercam* (Salmos 3:6). Tu és bom, e o teu amor dura para sempre.

Observe, por favor: Muitos de nós aprendemos a orar a Oração do Senhor com a seguinte doxologia final: Pois teu é o reino, o poder e a glória, para sempre. Amém. Estas palavras não se encontram na Oração do Senhor na forma ensinada por Jesus, mas seria incomum para uma oração judaica terminar sem uma doxologia. Está bem acrescentar isto à oração ao dizê-la, mas lembre-se de que Jesus termina a oração numa surpreendente nota moderada sobre a batalha espiritual.

Nota

[1] MERTON, Thomas. *Thoughts in solitude* [Pensamentos em solitude]. New York: Farrar, Straus & Cudahy, 1956, 1958, p. 169.

Sua opinião é importante para nós.
Por gentileza, envie-nos seus comentários pelo e-mail:

editorial@hagnos.com.br

Visite nosso site:

www.hagnos.com.br